NOS ENFANTS GÂCHÉS

www.editions.jclattes.fr

Natacha Polony

NOS ENFANTS GÂCHÉS

Petit traité sur la fracture générationnelle française

JC Lattès
17, rue Jacob 75006 Paris

À Lyes, Chahida, Laurène et les autres...
Qu'ils reçoivent la France en héritage.

– Il s'agissait de répondre à une question – à une question intimidante – une question que personne encore au monde n'a pu jamais laisser sans réponse, jusqu'à son dernier souffle.

– Laquelle ?

– « Qui vive ? »

Introduction

« Les jeunes sont formidables ! »

... et je savais désormais pour quoi
le décor était planté[1]

Je suis réactionnaire. De gauche, sans doute, du moins dans l'acception la plus dixneuvièmiste du terme, mais réactionnaire malgré tout. Ou peut-être pour cela. Pas un de ces conservateurs bon teint qui trouvent qu'un peu d'autorité ne fait pas de mal, et qu'après tout, mon Dieu, c'est vrai que les valeurs foutent le camp. Non. Authentiquement réactionnaire. Du bas latin « reagere », « pousser à nouveau » ou « dans un sens opposé ». Surtout dans un sens opposé.

Généralement, l'obscène déclaration se fait lors d'un dîner, d'une soirée entre gens raisonnables

1. Julien Gracq, *le Rivage des Syrtes*, Corti, 1951.

et modernes. Des gens ouverts d'esprit et bien informés, des progressistes de trente ou cinquante ans ; de lointains soixante-huitards ou leurs enfants, oublieux de ce que furent les luttes pour l'émancipation et ravis des merveilleuses avancées de notre société. Soudain l'un d'entre eux prend un air pénétré : « Mais à l'école, est-ce que ça va si mal que ça ? » (L'école, ou tout autre sujet sur lequel on peut lancer un débat dont on sait qu'il aboutira logiquement à un consensus sympathique et rassurant.) Hochements de tête approbateurs : « Bon, c'est vrai qu'il y a de la violence dans certains quartiers, il faudrait que les profs apprennent à y faire face. C'est une question de formation. Mais sinon, on a fait des progrès énormes. Les jeunes savent beaucoup plus de choses que nous ou nos parents à leur âge. » Congratulations au brillant analyste. C'est alors là que j'interviens, sous le regard paniqué de la maîtresse de maison. J'explique, je démontre et je m'emporte, je cite, j'exemplifie, j'anecdotise, et les mines s'allongent. Le diagnostic médical tombe, poli : « Ça n'est pas un peu réactionnaire ? » Et moi, devant tant de bonne conscience outragée : « Sans doute. »

Je suis réactionnaire au sens où l'entendent depuis peu ceux qui luttent dans le camp du Bien et de la modernité, ceux pour qui il ne fait aucun doute qu'il faille, en dehors de toute référence à une quelconque réalité, vénérer aujourd'hui plus qu'hier et bien moins que demain. Cela signifie tout simplement que je me permets, comme beaucoup d'autres heureusement, de me poser parfois la question du bien-fondé de quelques choix de société fondamentaux. Rien de bien méchant, ni de très révolutionnaire – encore moins de contre-révolutionnaire. Mais qui pourrait malheureusement suffire à faire classer ce livre dans la catégorie des récriminations scandaleuses des éternels tenants de la nostalgie. Alors, autant le dire sans ambages, puisqu'il faudra de toute façon se justifier : les pages qui suivent ne pleurent aucun âge d'or hypothétique et fantasmé, mais elles risquent malgré tout de déplaire aux contempteurs habituels de la « France moisie », à tous les satisfaits de l'air du temps décidés à criminaliser la pensée déviante et à lepéniser leurs contradicteurs. Jean Genet, accusé à dix ans d'un vol qu'il n'avait pas commis, se mit à voler pour faire sienne cette identité qu'on lui imposait. Alors, ce voile d'infamie qu'on me jette à la face, ce mot repoussoir, « réactionnaire », je m'en pare et j'en fais un étendard. Au nom de tous les entêtés, comme moi, décidés à ne plus accepter.

Pourquoi ce brutal aveu ? Parce que faute avouée est à moitié pardonnée, et parce qu'une fois levé le doute, une fois assumée l'infamie, l'auteur de ces lignes espère qu'elles seront lues pour ce qu'elles veulent être : une synthèse rigoureuse et sans concessions, un portrait de la société française à travers sa jeunesse. Nulle provocation, nulle volonté de choquer par des propos outranciers. Et je précise que pour le lecteur qui ne lit pas *Libération*, *Le Monde* ou les *Inrockuptibles*, et qui ne croit pas que tout regard vers le passé ou tout questionnement sur le présent soit forcément empreint d'une nostalgie coupable car conduisant irrémédiablement au pétainisme, cet adjectif, « réactionnaire », peut sembler déroutant. Les innocents ! Ils ne savent même pas qu'ils le sont. Du moins dans les catégories mises en place par le grand quotidien du soir – le si bien nommé quotidien de « révérence » dénoncé par Philippe Muray – et le quotidien rebelle du matin. Pire, ils ne se sentent peut-être pas coupables d'aimer leur pays, leur mode de vie, et ce que les générations précédentes ont accumulé de savoirs et de valeurs pour les leur transmettre. Alors, ce livre n'est pas l'énième dénonciation de la « France qui tombe ». Ce livre s'adresse à ces innocents qui constatent chaque jour l'inquiétant décalage entre leur réalité quotidienne et ce monde radieux qu'on leur présente avec obstination. À ces innocents et à ceux qui pensent que nous pouvons être tenus comptables de ce que nous avons laissé faire. Ce livre est la voix d'une France qu'on bâillonne au nom de la « correction » et de la pensée droite.

« Je le dis une fois pour toutes : j'aime la France avec la même passion, exigeante et compliquée, que Jules Michelet. Sans distinguer entre ses vertus et ses défauts, entre ce que je préfère et ce que j'accepte moins facilement. Mais cette passion n'interviendra guère dans les pages de cet ouvrage. Je la tiendrai soigneusement à l'écart. Il se peut qu'elle ruse avec moi, qu'elle me surprenne, aussi bien la surveillerai-je de près. » Je pourrais reprendre mot pour mot ces lignes de

Fernand Braudel, les premières de l'introduction à son ouvrage : *L'Identité de la France*. Je pourrais en faire le préambule de ce livre, né d'une inquiétude et d'une révolte. Une inquiétude devant ce qui ressemble à une rupture civilisationnelle ; une révolte face à l'aveuglement qui fait office de seul rempart. Les pages suivantes traitent de la crise de transmission dont est victime la jeunesse française, et des conséquences que peut avoir cette crise sur le lien social, autant que sur le tissu économique. Victime est bien le mot, même s'il est tant galvaudé. Car les générations que nous sacrifions à tour de bras n'ont pas choisi ce manque, elles n'ont pas choisi le déracinement, ni la perte culturelle. Un héritage est quelque chose que l'on reçoit, quitte, ensuite, à le refuser ou à le soumettre à inventaire. Mais quand, en fait d'héritage, il y a deux petites cuillers et quelques dettes, l'inventaire est vite fait.

Dissipons d'emblée un malentendu : je ne veux aucun mal à la jeunesse de mon pays. Je ne lui souhaite aucune guerre, que je n'ai moi-même pas connue, étant encore proche de cet âge qu'on chérit aujourd'hui au point de ne le plus vouloir quitter. Je ne suis pas de ces esprits chagrins et frustrés, indifférents ou hostiles à tout ce qui n'est pas eux, tout ce qu'ils ne comprennent pas, ne vivent pas. J'aime chaque garçon ou fille que je rencontre encore plongé dans l'adolescence, et dont je perçois les émotions, les angoisses et les aspirations. Je les aime eux, mais je n'aime pas les jeunes, si l'on entend par là cette entité magnifiée par l'époque, et dont les « valeurs » sont révérées, vantées, exploitées jusqu'à l'écœurement par un système qui a trouvé là le moyen de faire de l'argent. Je n'aime pas les jeunes parce que je ne suis pas là pour les aimer.

Je sais, les jeunes sont formidables. Il faut et l'on doit les aimer. Car ils sont l'avenir radieux, car leur « culture » est faite de tolérance, d'écologie et de liberté, car enfin ils ont tant à nous apprendre. J'ai bien retenu l'officielle litanie, celle qu'on psalmodie dans les messes cathodiques et les discours politiques. Mais voilà bien le problème : un vieux fond de rationalisme m'interdit de vénérer les vaches sacrées, fussent-elles jeunes. Et j'ai tendance à croire que l'avenir n'est radieux que si le présent le fait tel. Or, les jeunes ont beau être formidables, ils ont beau défiler contre Le Pen, de la République à la Bastille, ils ont beau être plus conscients, plus critiques, plus informés, quelques indices laissent cependant penser qu'il existe certains domaines où leurs compétences ne semblent pas s'être accrues. Plus grave : de n'avoir pas su ou pas voulu transmettre aux jeunes les valeurs et le patrimoine qui forgent l'identité collective de la nation française, de les avoir laissés sans mémoire, nous nous condamnons à affronter une fracture générationnelle majeure dont nous ne sortirons pas en professant qu'elle ne relève que des fantasmes régressifs de quelques beaufs inadaptés et d'une poignée de professeurs corporatistes. Le malaise est là, palpable. Il s'agit désormais d'en prendre la dimension, d'en mesurer les implications, et d'en chercher les causes. Propos caricaturaux, tenus par une idéologue déconnectée du terrain, des vraies gens et de la vraie vie ? Puisqu'il faut, avant de parler, dire d'où l'on parle, je me prête au jeu.

Les insanités que je profère me brûlent les lèvres et la plume depuis 1999. Depuis que je suis entrée, un matin de septembre, dans une classe de seconde d'un lycée de Seine-Saint-Denis. Depuis que j'observe l'école, la fréquente ou la quitte, la commente ou l'analyse, que se devine à travers elle, comme sur un révélateur, le mal qui mine la société française dans son ensemble. Depuis que je constate et comprends ce que l'on fait de la jeunesse de mon pays. Mais quand j'étais prof, jeune agrégée débarquant sur ce rivage délaissé d'Épinay-sur-Seine, petit soldat perdu dans ces zones grises où la République a démissionné, les urgences du quotidien m'absorbaient. D'abord, survivre. Accepter que l'on ne sera sans doute jamais ce professeur charismatique qui transmet à quelques-uns son amour de Hugo ou de Mallarmé, sa passion pour des œuvres qui changent une vie ; accepter le gouffre insondable entre ce que l'on croyait et ce que l'on affronte.

Petites fiches de présentation à remplir par les élèves : le classique de la rentrée, « pour que j'apprenne à vous connaître ». Établir la liste des questions pertinentes a provoqué les premières crises d'angoisse du novice en enseignement des Lettres. Car la bonne volonté du jeune professeur – et sa naïveté – sont incommensurables. Dieu merci, il a souvent pu partager cette angoisse, trois ou quatre heures durant, avec ses jeunes collègues, lors d'une réunion pédagogique sur la fameuse question : « Faut-il demander la nationalité de l'élève ; n'est-ce pas stigmatisant ? » Réunion pendant laquelle (alors qu'il se demandait, perplexe, en quoi il pouvait être stigmatisant d'être chinois ou malien) on lui a répété que ce premier contact pouvait conditionner son année entière. Généralement, le résultat de tant de savantes ratiocinations donne à peu près ceci : « Quels livres avez-vous étudiés les années précédentes ? Quels livres avez-vous lus *de vous-même* ? Lesquels vous ont plu ? » Les réponses sont à déchiffrer dans les entrelacs tremblants de stylo à bille : « livre lus : Bovary. Aucun aimer. Aime pas lire. »

Bien sûr, on a mis en garde l'émouvant naïf. Lors de la journée de pré-rentrée, un proviseur cynique a énoncé les chiffres censés refroidir ses ardeurs : plus de 50 % de boursiers, 25 nationalités, moins de 20 % d'enfants inscrits à la cantine (et non, ce n'est pas parce que leur maman leur prépare à manger à la maison)... Il a distillé quelques conseils bienveillants de vieux routard : « Ne laissez jamais rien traîner dans une classe, clefs, portefeuille, documents. Ils sont attachants, ils cherchent l'affection, mais n'entrez pas dans ce jeu... » Un vieux professeur s'est approché, mâchouillant sa pipe, un sourire narquois au coin de l'œil : « Tu es stagiaire ? Bonne chance ! »

Et j'entends d'ici les récriminations et les indignations, celles que j'essuie dans mes soirées entre gens bien : « Évidemment, ce sont des cas exceptionnels. Un lycée difficile. Vous sélectionnez volontairement, pour faire du sensationnalisme. » C'est vrai. D'ailleurs, j'aurais pu en faire un livre, au sortir de cette année en première ligne, un livre drôle et édifiant, un livre pour amuser la galerie. Mais je ne l'ai pas fait. J'aurais pu raconter les hurlements et cris d'animaux, dans les couloirs, pendant que je faisais cours. La porte qui s'ouvrait brutalement sur un « Djamel, gros bâtard ! » et se refermait aussitôt, déconcentrant la classe pour un bon quart d'heure. J'aurais pu parler de ce fantôme qui hantait le lycée sans jamais avoir été interpellé, et qui poussait en silence la porte des salles, la tête entourée d'une écharpe, un masque de tête de mort sur le visage, sous les hurlements hystériques et feints de la moitié féminine des élèves. Et fallait-il lui courir après, laisser tous les autres sans surveillance, interrompre un cours qui fonctionnait à peu près ? J'aurais pu raconter aussi les canettes de Coca-Cola lancées au visage des professeurs, les menaces de mort dans leur casier, le rétroprojecteur passé par la fenêtre du premier étage quand, pour une fois, une seule petite fois, l'un d'entre nous avait oublié de fermer une porte à clef. Mais je ne l'ai pas fait. Parce que malgré tout, non, ça n'était pas – pour moi du moins – Beyrouth ou le Vietnam. Parce que je n'avais pas eu affaire aux caïds dangereux des terminales techno mais aux petits de seconde générale et que je les aimais, ces gamins de seize ans, railleurs et malins, qu'on avait laissés pousser en bataille.

Et parce que je sentais confusément qu'il y avait plus grave, et que cette montagne de gâchis et d'abandon n'était que l'extrémité de l'iceberg dépassant là, qu'on ne pouvait cacher mais seulement contenir, en envoyant au casse-pipe des régiments de petits bleus bien frais.

J'ai quitté l'Éducation nationale par claustrophobie. La grande famille n'autorise pas les allers et retours vers le monde extérieur. Sans doute a-t-elle peur que, d'avoir goûté à la liberté, les séminaristes républicains ne s'enfuient à toutes jambes. De fait, combien ai-je entendu de ces jeunes profs, cinq années en ZEP derrière eux, me dire : « Si je pouvais, si je savais faire autre chose, si je n'avais pas les impôts à payer, je démissionnerais. » Et moi-même, durant mon année à Épinay, je n'ai pas manqué une heure de cours. Même fiévreuse, même aphone, j'y allais, ne pouvant m'empêcher de penser que peut-être, si je m'accordais une heure de répit, je n'y retournerais jamais. Je me moquais des points de retraite et de la sécurité de l'emploi, j'avais envie de tout connaître, de tout voir, et l'on exigeait de moi que j'entre au couvent, que je renonce à tout ce qui pouvait m'enrichir et faire de moi un bon professeur. Je ne regrette pas mon choix. Je regrette que l'Éducation nationale m'ait obligée à le faire.

Plus tard, j'ai été membre du bureau national d'un parti politique et candidate aux élections législatives. Je m'étais engagée juste après ma démission, avec le sentiment que ne rien faire était impossible. Ma thèse d'alors : on abandonnait sciemment les banlieues, parce qu'il n'était pas économiquement coûteux qu'une partie de la population restât sur le carreau, du moment qu'on faisait de la majorité de ces jeunes de bons consommateurs-producteurs, dociles et résignés. Les profs étaient là pour maintenir l'illusion et la paix sociale, pour empêcher les plus lucides de se révolter. Je le pense plus que jamais. Cela aussi, j'ai voulu l'écrire. Mais on était en campagne électorale, il fallait rassembler. Et puis, l'éducation n'intéressait pas grand monde. Il y avait bien quelques enseignants qui s'agitaient, rédigeaient des rapports, des notes aux candidats. Mais les présidentiables sont eux aussi des gens raisonnables. Ils n'ont pas le mauvais goût de clamer ce que personne ne veut entendre. J'ai dû garder pour moi l'amertume que m'inspirait ce silence, et ne pas dire ce qui me semblait une évidence : aucune politique digne de ce nom, c'est-à-dire impliquant une vision de l'Homme, ne peut se mener sans une réflexion sur l'école.

Aujourd'hui j'enseigne à des étudiants : petite mise au point de culture générale pour futurs commerciaux ou ingénieurs, sociologiquement aux antipodes de mes sauvageons d'Épinay. Certes, ce ne sont pas les enfants de polytechniciens à Polytechnique, ou les enfants d'énarques à l'ENA. Pas « l'élite », mais quand même le haut du panier. Classes moyennes supérieures, haute bourgeoisie, ancienne noblesse même. Les filles ont des foulards griffés, les garçons des jeans de marque. Ils sont tout frais sortis du lycée, fiers de leur baccalauréat, heureux d'en avoir fini avec ces matières qui ne servent à rien, avides d'apprendre des choses vraiment utiles : « techniques de communication », « management »... Moi, perverse, je m'amuse à les tester : « Citez-moi un auteur par siècle, du XVIe à nos jours ; puis un peintre par siècle. » L'année dernière, un seul étudiant, sur les cinquante, a su me situer Montaigne au XVIe siècle. Je ne dis pas me citer un passage des *Essais*, quelques thèmes, une phrase. Seulement prononcer ces mots : Montaigne, auteur du XVIe siècle français. Douze ou treize ans dans le système scolaire, le si prestigieux baccalauréat, et Montaigne, de l'avis général, est contemporain de Victor Hugo... au XVIIIe siècle.

J'entends à nouveau mes belles âmes : « Après tout, quelle importance. À quoi est-ce que ça sert de connaître cela ? Ils savent sans doute beaucoup d'autres choses. » Une fois encore, oui. C'est vrai. Il n'est pas forcément indispensable à un individu vivant dans notre société de savoir que, pour un seigneur périgourdin d'il y a cinq siècles, « philosopher, c'est apprendre à mourir ». Ni même de savoir, malgré la mode du « fait religieux », ce que signifie l'expression « les religions du Livre » (là encore, un sur cinquante dans mon petit sondage). Tout cela n'est pas utile aux individus, ou du moins pas directement, pas pour leur permettre de faire fonctionner la machine. Il leur serait en revanche utile, et là très directement, de ne pas écrire des phrases telles que : « En effet, l'apparition accrue des relations entre les hommes est facilitée », ou pire : « De maladies telles que le sida ont bouleverser l'humanité dû au fait qu'elles soient incurables. » (*sic*)

Je ne relancerai pas, bien sûr, l'éternelle bataille du « niveau qui baisse ou qui monte ». Je me souviens juste d'une formatrice, lorsque j'étais jeune enseignante, qui nous réprimandait comme des enfants désobéissants : « Ne dites pas que le niveau baisse, ce n'est pas vrai... Alors, nous avons reçu les instructions ministérielles : l'année prochaine, on supprime la dissertation et le commentaire composé en seconde ; les élèves n'y arrivent plus. » Mais les optimistes forcenés ne manquent jamais d'arguments pour faire taire les Cassandres. « Le niveau baisse ? Mais ma chère, c'est ce que disent tous les conservateurs, depuis la nuit des temps. » Les plus cultivés – et les plus idéologues – citent invariablement le même texte de Platon sur la jeunesse inculte, dépourvue de tout repère. Platon à la rescousse, quelle aubaine ! « Vous qui vous réclamez de la culture classique, vous devriez lire davantage les auteurs grecs... » Ils doivent avoir un fascicule, « Ayez réponse à tout », qu'ils se font passer, pour clouer le bec aux infâmes réactionnaires, aux insupportables esprits chagrins. Ils oublient seulement, nos admirables rhéteurs, que Platon ne vivait pas l'apogée de la démocratie athénienne, mais sa décadence, et que ces jeunes générations qu'il fustige sont celles-là mêmes qui, quelques décennies plus tard, se montrèrent incapables de résister à la mise sous tutelle par Philippe et Alexandre de Macédoine. Avant que la Grèce tout entière ne succombe elle-même deux siècles plus tard sous le joug de l'Empire romain.

Jeunesse inculte et sans repères ? Non, pas si simple. Même si ce sont les mots qu'on aimerait me voir écrire. Et je vois déjà les bonnes consciences progressistes se frotter les mains : « Vous avez dit jeunesse inculte et sans repères ? Mais vous êtes donc de ces ringards nostalgiques, de ces maurrassiens inavoués, de ces "croumirs" tenants de la Révolution nationale et du "c'était mieux avant" ? Voilà qui nous ramène aux heures les plus noires de l'histoire de France. » Le débat est clos avant d'avoir eu lieu. S'interroger un tant soit peu sur l'état actuel de la société française conduirait donc à la rafle du Vel' d'hiv. Quand, à propos d'une émission à succès et des positions d'un ministre de l'Éducation nationale, *Le Monde* titre en Une « De Fillon à M6, la nostalgie d'un ordre scolaire disparu », tout est dit. La phrase est en elle-même un chef-d'œuvre, une sorte de bijou savamment ciselé. Les habitués du vocabulaire plénelien auront bien sûr noté les mots-totems : la nostalgie est la maladie de la France moisie, frileuse et rétrograde. L'ordre moral faisait déjà peser sa chape de plomb sur la France, l'ordre scolaire va bientôt s'abattre sur nous. On imagine avec effroi la discipline militaire, les blouses grises, les humiliations sadiques, et bien entendu l'écrasement des plus faibles, des plus pauvres, par un système inégalitaire et injuste. Pour un peu, il y aurait des contrôles, des notes et des devoirs à la maison. Il semble que pour *Le Monde*, la France se partage en deux catégories : ceux qui trouvent que tout va très bien, et qu'il est plutôt réconfortant d'être dans le camp du Bien, et ceux qui rêvent de renvoyer la France dans les années 50, ou pire, dans les années 40. Conclusion, le seul débat possible et acceptable est entre partisans du « accélérons » et candidats au « allons plus vite ». Ce qui promet des plateaux de télévision animés, de vraies empoignades idéologiques.

Mais justement, nous sommes quelques-uns à vouloir débattre. Quelques-uns à accumuler les arguments, et à ne pas craindre de les confronter à d'autres, voire de les mettre à l'épreuve des faits. Car le problème de l'école, et plus largement celui de la transmission, ne se résume pas aux deux modèles que seraient le passé (l'école de Jules Ferry et l'endoctrinement de la jeunesse par la tradition et les principes) et le présent (l'école massifiée et l'égalité démocratique comprise comme un nivellement). L'alternative n'est pas entre ce qui est et ce qui a été, mais entre les différentes formes de ce qui pourrait être, qui ne saurait être la copie du passé, mais qui n'est pas obligé pour autant de se contenter du présent. Est-il possible aujourd'hui de tenir ce discours ? À lire les éditoriaux de Jean-Michel Thénard dans *Libération*, on en doute. « Devant l'inconnu d'un XXIe siècle débuté sur une image de terreur, écrivait-il le 12 octobre 2004, certains se plaisent à cultiver l'illusion rétrospective et applaudissent un temps en blouse Nylon où la société semblait mieux fonctionner avec un képi à sa tête. Ce temps, dans l'esprit de la droite, c'est l'avant-68 où les lycées étaient réservés aux enfants de la bourgeoisie et où les fils d'ouvriers filaient vite en apprentissage. » Que l'éditorialiste de *Libération* croie encore à un mythique clivage gauche-droite sur ces questions prête à sourire, mais témoigne de la difficulté que rencontrent les médias pour appréhender les questions de transmission en dehors de leurs catégories habituelles. Oublié, Luc Ferry, ministre de droite, contempteur de la « pensée 68 », et coauteur des réformes portées par ses prédécesseurs Claude Allègre et Jack Lang, alors qu'il était président du Conseil national des programmes. Oublié, Jean-Pierre Chevènement, ministre de gauche, porteur du projet phare des 80 % d'une classe d'âge au niveau du baccalauréat, et pourtant défenseur de l'autorité, du retour aux fondamentaux et à *La Marseillaise*, et grand adversaire de la loi d'orientation de 1989 du ministre Lionel Jospin. Oublié, le collège unique, réforme votée par la droite, et qui répondait aux aspirations développées par la gauche depuis le plan Langevin-Wallon de 1946. S'imaginer que la droite défend une école inégalitaire alors que la gauche serait pour la démocratisation, c'est faire montre d'un simplisme confondant, tant il est vrai qu'idéologues de gauche et gestionnaires de droite se sont souvent rejoints pour signer l'arrêt de mort de tout ce qui dans l'école relevait d'une transmission de savoirs jugés archaïques par les premiers, et inutiles par les seconds. Les médias semblent avoir découvert la lune lors de la publication, en octobre 2004, du rapport Thélot sur l'avenir de l'école. Étaient invités sur France Inter M. Périssol, député de droite, et Mme Costa-Lascoux, chercheuse de gauche, « tous deux favorables au rapport, ce qui prouve que le clivage gauche-droite peut être dépassé sur cette question ». Certes. Mais le véritable clivage idéologique ne peut visiblement pas l'être, aucun opposant au rapport n'ayant eu le droit de s'exprimer.

Constat désarmant : le débat sur l'école s'enlise dans des guerres de tranchées le plus souvent remportées par ceux qui tiennent la place forte, à savoir les échelons infinis de la hiérarchie de l'Éducation nationale. Avec le soutien actif de médias aussi informés et objectifs que pendant la première guerre du Golfe. Les grèves de 1999 contre les réformes Allègre en fournissaient un exemple flagrant, les médias s'ingéniant à fustiger ces enseignants qui réclamaient toujours plus de moyens et s'ancraient dans l'immobilisme et le corporatisme, alors que lesdits enseignants manifestaient pour le maintien des horaires de langue, de philosophie, pour la sauvegarde de la littérature, et plus largement, pour une certaine idée de leur mission. Finalement, toute réflexion sur la transmission et les liens entre générations semble condamnée à s'abîmer en un pugilat mettant aux prises les amateurs de « bonnes vieilles méthodes » et autres hérauts d'une autorité jamais définie dans sa forme ni ses conditions, et les grands gourous d'une innovation n'ayant pour objet qu'elle-même.

Pourquoi ce fiasco ? D'abord parce que la question de l'école monopolise l'attention, jusqu'à occulter cette interrogation majeure : une société peut-elle faire de l'école le seul et unique vecteur de transmission ? Autrement dit, les difficultés que rencontre aujourd'hui l'institution scolaire viennent sans doute en partie du fait qu'il lui est demandé de pallier un manque beaucoup plus général que ce qui relève de son rôle originel. Évidence, mais qui mérite d'être mise au jour avec plus de clarté puisque c'est sur cette évidence que butent toutes les réformes chargées depuis quelques années de redresser l'école, ou de lui fixer un horizon. Le rapport Thélot sur l'avenir de l'école, et sa déclinaison dans la nouvelle loi d'orientation se prononcent pour la définition d'un « socle commun de connaissances » que doit posséder tout enfant à sa sortie du système scolaire. Soit. Mais pourquoi ne pas le dire clairement ? Ce qui est ici en jeu, c'est le lien social, le sentiment d'appartenir à un même monde, dont on partage les références, les valeurs et le patrimoine. Ce qui est en jeu, c'est le ciment identitaire de la nation française. Il ne s'agit pas seulement de fournir à chacun le bagage qui va lui permettre de « s'en sortir dans la vie », de trouver un emploi et de remplir vaguement son rôle d'électeur. Si l'expression « socle commun » a un sens, de même que sa variante « culture commune », c'est pour désigner les éléments qui font que des êtres humains ont l'impression, non de simplement cohabiter, mais de vivre ensemble, d'habiter le même monde, de partager un même lieu.

Or, le malaise qui mine la société française est de cet ordre : le sentiment d'une communauté nationale, d'un lien civilisationnel, est atteint. Rien là qui puisse se résoudre par une ode au patriotisme, voire à la redécouverte des vertus nationales. Une fois encore, il n'est pas question de cela. Le vivre-ensemble ne se décrète pas. Il se ressent et s'approfondit par des données culturelles, intellectuelles ou sensorielles. C'est dans les phrases anodines que se dissimulent souvent les vérités. Quand la dessinatrice Claire Bretécher, invitée par *France Inter* à parler de son nouvel album, explique qu'aux yeux de son personnage de jeune adolescente, Agrippine, son arrière-grand-mère en chignon et tablier bleu est « un OVNI », c'est toute la fracture générationnelle française qui s'incarne dans une bande dessinée à succès. Celle qui est considérée par un certain parisianisme comme portant le regard le plus aigu sur les « ados » a, de la façon la plus anecdotique, mis en lumière le nœud du problème. Évidemment, les protestations s'élèvent aussitôt : mais de tout temps la jeunesse a contesté le monde de ses pères, en refusant de s'y reconnaître. La querelle des anciens et des modernes est vieille comme l'humanité (il est à ce propos intéressant de constater que les adorateurs du changement sans projet sont en général les plus friands, en matière d'argumentation, du fameux « rien de nouveau sous le soleil »). Peut-être. Cependant, la jeunesse n'a jamais contesté que ce qu'elle connaissait, ce dont elle pouvait critiquer les choix et les valeurs. Le terme « OVNI » employé par Claire Bretécher est à la fois limpide et significatif. On parle de deux univers différents, parfaitement étrangers l'un à l'autre, et qui ne sauraient s'appréhender autrement que dans la perplexité, voire le rejet.

Ce que nous avons conçu, c'est une jeunesse sans mémoire, née de nulle part. Nous avons inventé la génération culturellement spontanée. Il existe un mot pour désigner cela, si l'on veut bien ne pas l'entendre dans son acception péjorative, mais purement descriptive, c'est la barbarie. Le barbare, ce n'est pas le « sauvage », ce n'est pas l'autre à qui je refuse l'humanité, la dignité, le respect. Le barbare est celui qui ne s'inscrit pas – ni par l'adhésion, ni par la rupture – dans la civilisation, c'est-à-dire dans la continuité de ce qu'ont accumulé ceux qui le précédaient. Il est a-historique, hors lignée ; il n'est pas le fruit de ce que furent ses pères, il est une météorite, géographiquement et temporellement sans ancrage. Il est dans l'*hic et nunc*, dans le présent toujours répété, nomade chronologique au destin sans époque.

Aucune dénonciation dans ces remarques, mais un constat. Et une interrogation : comment un pays comme la France, riche de nombreux siècles d'histoire, a-t-il pu enfanter une jeunesse déracinée ? Comment avons-nous fabriqué la barbarie ? Et quelles conséquences peut avoir ce coup d'arrêt donné au cours du temps, ce coup de ciseaux de la Parque sur le fil de notre civilisation. Qu'importe, diront certains. Du passé faisons table rase. Et si doivent mourir ces traditions, ces pesanteurs synonymes d'oppression, tant mieux. Il y a ceux, aussi, qui diront qu'il ne faut pas exagérer, et que la culture et les savoirs dont nous déplorons la disparition n'ont jamais été possédés que par une fraction infime de la population française. Dans les deux cas, erreur d'optique. Car les premiers cèdent à cette tentation classique : jeter le bébé avec l'eau du bain, en l'occurrence la culture avec les inégalités, sans peut-être mesurer que peuvent en résulter des inégalités et des oppressions bien plus terribles. Les seconds, quant à eux, nourrissent leur amour du présent d'un bien curieux mépris pour le passé, en particulier pour tous ces ouvriers et paysans dont ils prétendent vouloir le bien. S'imaginer que la France du début du XXe siècle était peuplée d'illettrés obscurantistes, et que ceux qui savaient lire et écrire n'en étaient pas moins totalement soumis aux puissants, relève tout simplement de l'ignorance et de la méconnaissance historique.

Donc, partons du principe qu'il y a peut-être quelque chose à sauver dans ce que nos ancêtres ont mis des siècles à édifier, dans cet ensemble de manières d'être, d'œuvres artistiques ou spirituelles, de savoir-faire architecturaux, artisanaux, culinaires, ou agricoles, quelque chose à sauver dans ce qui fait cette entité sociale, politique et culturelle que nous appelons France. Sans pour autant – rassurons les soupçonneux – rêver d'une autarcie, d'un renfermement sur une identité nationale excluante. Nous parlons ici d'un fait historique : il y a deux ou trois données que nous partageons quand nous nous disons français, quelles que soient nos origines. Or, il semble que nous ne voulions ou ne puissions plus perpétuer aujourd'hui ces données à travers la jeunesse. Tel est bien le cœur de ce qu'une part croissante de la population perçoit comme une crise, et qui est au moins une déchirure dans le tissu commun. Faut-il ouvrir de force les yeux des « élites » retranchées dans leur bonne conscience ? Dénoncer les responsables, par idéologie, par complaisance ou par intérêt, d'une catastrophe annoncée ? Qu'à cela ne tienne. Et pour ceux qui refuseraient encore de le croire, pour ceux qui préfèrent marcher la fleur au fusil en laissant derrière eux les beaufs et les frileux, les pages qui suivent proposent un petit parcours dans la fracture générationnelle française. Suivez le guide.

1.

De l'intérêt d'écouter les vieux cons

Le vieux n'a pas la cote. Dans une société de consommation où le périssable doit se remplacer au plus vite par du nouveau, du beau, du moderne, le vieux se démode. Pourquoi ? Parce qu'il a le tort de rappeler ce qui était, de porter la mémoire, et donc la preuve irréfutable que le nouveau n'est pas forcément et sans examen mieux que l'ancien. Avant d'aller plus loin, une petite précision : le vieux ne se reconnaît pas forcément à son âge, même si c'est le plus souvent un critère déterminant. Il y a des exceptions. Par exemple, certains hommes politiques, ou certains dirigeants de grands médias, qui ont été jeunes dans les années 60, le sont encore. Leur certificat d'authenticité jeune ? Ils sont pour la dépénalisation du cannabis, parce que c'est moderne, ils sont contre l'ordre moral et la censure, parce que c'est mal, et pour la liberté d'expression de ceux qui expriment les mêmes idées qu'eux. Au contraire, l'auteur de ces pages est vieille, bien qu'achevant à peine sa trentième année. Elle est vieille parce qu'elle ne cherche pas à tout prix à être jeune, parce qu'elle n'aime le changement que lorsqu'il lui paraît justifié, parce qu'elle sait que ce qu'ont pensé des êtres humains il y a deux mille cinq cents ans permet aussi de comprendre notre époque.

Le bon sens étant la chose du monde la mieux partagée, comme le rappelait Descartes qui avait lui-même le mauvais goût d'écrire assez souvent en latin, et le reste du temps en un français parfait (il était tourangeau), on peut espérer qu'il reste en France beaucoup de vieux. Et que ces vieux auront quelques idées sur cette société dont ils font somme toute encore partie. Bien sûr, ils ne doivent pas en faire état. Les jeunes, eux, peuvent le faire, surtout les vieux jeunes, qu'ils soient député vert européen ou ancien ministre de la Culture, ou qu'ils dirigent eux-mêmes l'organe de presse dans lequel ils s'expriment. Les vieux n'en ont pas le droit parce qu'ils n'émettent pas des idées conformes, c'est-à-dire des idées qui vont dans le sens de la modernité, qui tendent à accentuer cette pente de la révolution molle sur laquelle sont engagées les sociétés occidentales. Le principal défaut des vieux, aux yeux des auto-promus « jeunes en chef », c'est la nostalgie. Cette maladie si dangereuse qu'il faille organiser régulièrement dans les journaux une campagne de prévention. La dernière en date remonte à l'automne 2004. Ce qui donnait un titre tel que « Le leurre du bon vieux temps » en *Une* de *Libération*, « La tentation de la nostalgie » en *Une* du *Point*, et même

« Faut-il céder à la nostalgie ? » en couverture d'un magazine féminin, *Atmosphère*. Pourquoi une telle force de frappe ? Parce que le mal est diablement contagieux, malgré les hautes doses d'anticorps injectés à longueur de journaux télévisés ou radiodiffusés. La nostalgie est, étymologiquement, la maladie du retour, la douleur de l'exilé qui veut retrouver sa patrie. Le premier nostalgique, c'est Ulysse. On peut trouver plus indigne. Les nostalgiques, donc, voudraient retourner quelque part. En l'occurrence dans leur passé, conçu comme un âge d'or, une patrie perdue. Hervé Hamon, grand contempteur de la nostalgie, le rappelait dans une tribune rageuse publiée dans *Elle* le 11 octobre 2004 à propos de la question scolaire : « C'est toujours difficile de parler d'éducation en considérant les faits. [...] Parce que nous reconstruisons nos souvenirs : les chercheurs, pisse-vinaigre, montrent que nous enjolivons en vieillissant. » Si les « chercheurs » le montrent... Donc, on ne peut parler objectivement du passé, mais on le pourrait du présent, sans déformation, sans idéologie, sans complaisance. Ce que fait certainement Hervé Hamon, puisqu'il est « expert indépendant » auprès du Haut Conseil de l'évaluation de l'école, un organisme rassemblant des responsables des réformes opérées dans l'Éducation nationale depuis vingt ans, et chargés d'en évaluer « objectivement » le résultat.

On ne peut parler objectivement du passé, et les vieux, c'est bien connu, parlent toujours de leur passé. Avec cette propension incongrue au souvenir, à cette mémoire, qui les rend rétifs au changement. Or le changement – que Pierre-André Taguieff a très justement baptisé « bougisme » – est la vertu principale de l'époque. Les jeunes en sont, bien entendu, les fers de lance, eux qui sont scrupuleusement privés de toute mémoire, de tout référent extérieur à l'époque (d'où un effet secondaire paradoxal, une sorte de dommage collatéral : les jeunes, eux, ne sont pas nostalgiques, mais régressifs. Ils se complaisent dans le souvenir de leur enfance, leur seul passé, et piteusement reconstitué lors de soirées orgasmiques rythmées par les chansons des dessins animés des années 80. Incapables de se projeter dans un monde adulte dont ils n'ont pas de modèle, puisque tous ceux qui les ont précédés sont frappés d'opprobre, ils n'ont plus d'autres refuges que le cocon maternel et la barbe à papa. Les dessins animés des années 80 sont d'ailleurs aux « jeunes » jeunes ce que la « culture rock » est aux « vieux » jeunes : un souvenir mythique vite transformé en spectacle lucratif).

Toute critique est donc prévenue, par avance rejetée du côté de la maladie honteuse ou du lepénisme le plus abject (étant entendu que nos « maîtres censeurs », pour reprendre l'expression d'Élisabeth Levy, oublient volontiers que les 18-25 ans ont voté pour Jean-Marie Le Pen au premier tour de l'élection présidentielle de 2002, dans une proportion supérieure au reste de la population [1]). De

1. Sondage SOFRES réalisé à la sortie des urnes.

sorte qu'une parole prisonnière attend, un peu partout, de s'exprimer enfin. Et finira peut-être un jour par faire sauter le couvercle qui la confine et la retient. Dans les pires conditions qui soient, comme toute explosion. Une anecdote permet à ce propos de mesurer le degré d'exaspération des bâillonnés de la bien-pensance : en avril 2003, alors qu'elle publiait un livre rassemblant ses pensées les plus simplistes et les plus racistes, souvent aussi les plus vulgaires, Brigitte Bardot était invitée par Marc-Olivier Fogiel sur France 3 lors d'un « On ne peut pas plaire à tout le monde » retraçant sa carrière et célébrant le « mythe » Bardot. MOF était cette fois en première partie de soirée, à l'occasion d'une émission qui ne drainait pas son public habituel de cadres urbains branchés : le choc civilisationnel fut violent. Il provoqua des centaines de réactions de téléspectateurs, saturant les standards téléphoniques, remplissant les forums de discussions internautiques. De quel ordre étaient ces réactions ? La plupart disaient ceci : « Ce qu'écrit Brigitte Bardot dans son livre est stupide et inacceptable, mais elle n'était pas conviée à ce sujet, et un présentateur n'a pas à s'adresser à son invitée avec une telle hargne et un tel mépris. » Les courriers électroniques faisaient état des règles de politesse normales, parlaient de « Madame Bardot », « mythe national », et révélaient un monde qui n'avait rien de commun avec celui de l'animateur, d'ailleurs très décontenancé par des réactions qu'il ne comprenait pas. Et non, les auteurs de ces courriers n'étaient pas tous, très loin de là, des électeurs du Front national. Ils n'étaient pas non plus tous d'ignobles ringards arriérés sortis de quelque cambrousse reculée. La plupart utilisaient même cet outil fétiche des surhommes du XXIe siècle, Internet. Ils étaient visiblement issus d'un univers dont les codes n'ont plus cours. L'exemple est significatif. D'autant que ces voix, qui s'étaient pour une fois fait entendre, avaient été aussitôt et confortablement reléguées au rang de scandaleux soutiens aux opinions politiques de la star vieillissante, ce que pour la plupart elles n'étaient pas.

Il serait sans doute beaucoup plus instructif d'analyser ce discours, comme celui qui peut émerger sur des sujets très divers, et qui traduit toujours le même décalage avec la parole officielle. Ces codes de conduite, ou ces références culturelles, ces principes ou ces modes de réflexion ont pendant longtemps forgé les sociétés. Et ceux qui ne sont pas détenteurs de la parole médiatique, ces vieux ringards relégués dans les placards de notre société juvénocrate, en ressentent le manque sans avoir le droit ni la possibilité de l'exprimer. Or ce qu'ils ont à en dire est essentiel. Parce qu'ils nous parlent du lien entre les générations, du lien social et de la perpétuation de maîtrises et de savoir-faire constituant la base d'une vie commune acceptable et d'une économie fonctionnelle. Le plus dramatique : les discours que tiennent ces artisans, commerçants ou petits patrons, ces profs ou ces médecins, dessinent le portrait d'une génération abîmée, non seulement étrangère à ses pères, mais bientôt incapable de remplir ce rôle purement fonctionnel et utilitaire pour lequel on a voulu la programmer.

Michel, patron d'une PME qui fabrique des pièces détachées pour l'industrie automobile dans le sud de la France, ne se sent ni particulièrement ringard, ni vraiment grincheux ; la mine plutôt joviale, l'œil malin, il est un patron aimé et respecté. Pas le genre vieux con. Et pourtant, il serait immédiatement classé comme tel par quiconque se targue de pouvoir décerner les médailles de la pensée droite. Michel est tout simplement exigeant, et tient à ce que les relations dans son entreprise soient tournées vers la plus grande efficacité possible. « J'essaye de faire comprendre à tous mes employés l'intérêt des règles établies, plaide-t-il. Mais avec les plus jeunes, c'est extrêmement difficile. À croire qu'il n'ont jamais appris le minimum des règles de politesse et de respect. Situation inconnue auparavant, il arrive que des jeunes à peine embauchés s'en aillent au bout de trois heures sans prévenir, parce qu'ils trouvent le travail trop dur, ou que le poste ne leur convient pas. On fait une réflexion à un type sur son travail, et le voilà qui disparaît aussitôt, sans préavis, parce qu'il s'estime maltraité. » Michel ne croit pas pour autant que c'était forcément « mieux avant », comme voudraient le lui faire dire tous ceux que ces quelques vérités dérangent. Il convient volontiers qu'« autrefois, on se conformait sans doute trop aux règles préétablies. Les jeunes débarquant sur le marché du travail sont plus à l'aise, plus libres. Peut-être le sont-ils un peu trop. Ils n'ont plus du tout le sens de l'effort, ni l'envie de bien faire. Dans notre domaine, on ne peut pas se permettre le laisser-aller. Les pièces détachées sont vérifiées une à une à l'œil nu. Et l'on parle par millions d'unités produites : la moindre erreur a des conséquences énormes. Le tri des pièces, c'est une sorte de devoir civique, une question de confiance, parce qu'il n'y a plus personne pour vérifier derrière ». Les mots sont lâchés : effort, devoir, respect... Jacques est ébéniste en banlieue parisienne. Ses difficultés sont les mêmes que celles de Michel. Le découragement en plus. « Impossible de trouver des apprentis motivés, explique-t-il. Ils trouvent le travail trop dur, et me jugent trop exigeant. Ils ont une forme de mépris pour ce que je leur propose, pour ce que je suis, comme s'ils estimaient mériter mieux que de faire simplement du “bon travail” dans un petit atelier. » Jacques a cinquante-cinq ans, il travaille depuis l'âge de quatorze ans avec un CAP en poche. « Ce n'est pas Polytechnique ou l'ENA, admet-il, mais je me suis fait tout seul, et j'en suis fier. C'est parce que j'ai toujours fait du bon boulot que j'ai pu monter mon affaire. Je ne comprends pas comment les jeunes que je croise comptent s'en sortir. Mais pensez donc, trimer pour l'amour des beaux meubles, se priver de vacances et de loisirs pour faire vivre sa boîte, ça n'est pas assez valorisant pour eux. » Jacques est amer parce qu'il craint de n'avoir personne pour lui succéder un jour. « Et pourtant, ajoute-t-il incrédule, il y a de l'ouvrage pour les bons artisans. »

Gilbert, lui, est médecin, dans un cabinet de ville qu'il partage avec deux confrères. Au moment de notre rencontre, il est empêtré dans des problèmes de secrétaire. Soudain, il explose : « Les jeunes jouent vraiment contre eux, c'est incroyable. Ça fait trois fois que j'embauche une secrétaire directement sortie de son BTS. On ne m'y reprendra plus. En voilà deux qui sont parties sans prévenir, en nous plantant là, avec les patients. La dernière m'a dit : "Je pars, j'ai trouvé mieux ailleurs", sans la moindre attention, sans se soucier de ce que nous ferions. Elle est revenue au bout d'une semaine, parce que son nouvel emploi était un miroir aux alouettes. Je l'ai reprise en lui demandant d'être un peu stable, et de prévenir plus tôt si cela devait se reproduire. Elle vient de recommencer. J'attendais une remplaçante le 1er du mois. Elle m'a appelé le jour même en me disant qu'elle n'arriverait que le 7. Mes patientes appellent pour avoir des rendez-vous, je ne peux pas leur répondre, le courrier s'accumule... Aucune conscience professionnelle, aucun souci des impératifs qui s'imposent aux autres. Un narcissisme complet. »

Récriminations banales de patrons insatisfaits ? Ces témoignages montrent plutôt un décalage entre les attentes de ces adultes de milieux sociaux divers, mais appartenant peu ou prou à la même génération, et les attitudes et aspirations des jeunes gens arrivant sur le marché du travail. Le plus frappant dans le discours de ces quinquagénaires désabusés, c'est leur impression de vivre dans un monde différent de celui des jeunes qu'ils accueillent, de n'avoir pas les mêmes références, pas les mêmes principes. Gilles Lipovetsky parlerait de fin de la « morale du devoir » au profit d'une éthique individuelle propre aux sociétés post-moralistes, et du passage du « travailleur discipliné à l'homme flexible » (homme flexible moralement parce que l'entreprise lui impose de l'être professionnellement : joli retour de bâton contre le libéralisme). La conscience professionnelle, c'est *has been*. Certes. Il y a toutefois peu de chance qu'une entreprise ou un commerce puissent fonctionner sans ce minimum de règles régissant toute vie en commun.

Dans sa petite boutique de fleurs au cœur de la vallée de Chevreuse, Hélène tente de faire oublier la laideur ordinaire du supermarché mitoyen. Dans ses compositions florales comme dans sa tenue, cette simplicité réconfortante, car belle sans ostentation, cette sobriété qui fait le bon goût des gens modestes. Mais Hélène a du mal à tenir son commerce. Rungis aux aurores, toute la journée à confectionner les bouquets, un sandwich avalé rapidement le midi. C'est qu'Hélène ne trouve pas d'apprentie. Toutes celles qui se sont présentées et sont restées quelques mois, en contrat d'alternance, sont parties sans qu'elle ait jamais pu en embaucher aucune. « Je ne comprends pas, se désole-t-elle. Je voyais arriver des gamines incultes, sans la plus petite notion de politesse. Dire “bonjour, madame” ou “bonjour, monsieur” aux clients qui entraient dans la boutique ne leur venait même pas à l'esprit. Et quand je le leur demandais, au bout de dix fois avec un peu plus d'insistance, elles me regardaient avec un mélange d'exaspération et d'incompréhension, comme si j'étais une insupportable rabat-joie. Le pire, c'est que même concevoir un bouquet ressemblait à une mission impossible. Je me suis en fait aperçue que la plupart manquaient de la plus élémentaire logique. Le bon sens qui consiste à deviner dans quel ordre il faut faire les gestes, et comment vont s'organiser les choses, leur faisait totalement défaut. »

Mineure, la question des règles de politesse ? Certainement pas. Tout d'abord parce que l'on voit mal comment des relations professionnelles, fondées sur l'échange, peuvent se passer d'une convivialité introduisant et favorisant l'échange. Surtout, au sein même des entreprises, les règles de politesse sont indispensables, ne serait-ce que pour améliorer l'efficacité et la qualité du travail. Michel, dans sa PME, en a si bien conscience qu'il a conçu une charte destinée à rappeler à ses employés quelques évidences favorisant la communication entre collègues. « Il est assez incroyable qu'il soit nécessaire de préciser tout cela, commente-t-il, mais je me suis aperçu que c'était un besoin crucial. Dans la charte que j'ai rédigée et distribuée aux salariés, il est rappelé que l'on doit se présenter chaque fois que l'on croise quelqu'un, en déclinant son nom et son prénom, éventuellement sa fonction, pour que l'autre puisse vous situer, qu'il convient également de vouvoyer les gens que l'on ne connaît pas, de s'exprimer dans un langage clair, en prenant soin de toujours préciser les raisons d'un courrier, ce qu'on attend de l'autre, en concluant par une formule de politesse. Rien que de très basique : le fait que la langue traduit des hiérarchies, que le vêtement marque le respect que l'on porte à autrui, qu'un rapport ou une note doivent être accompagnés d'une introduction, d'un développement, d'une conclusion. Un mélange de principes et d'exigences formelles et logiques qui rendent possible la cohabitation au sein de l'entreprise, qui fluidifient les relations et améliorent la communication. »

Il est tentant de balayer d'un revers de manche ces constatations simples : convulsions poujado-réac de gens qui n'acceptent pas l'évolution des mœurs. Mais de tous ces témoins, aucun ne prétend qu'il faille retourner en arrière, vers un âge d'or mythique. Il n'est ici question que de pragmatisme. Ce que Gilbert, le médecin, attend de ses jeunes secrétaires, c'est avant tout de la rigueur. « Le problème, s'étonne-t-il, c'est qu'elles ne connaissent même pas l'orthographe. Je dois en permanence envoyer des courriers à des confrères, et c'est une calamité : trois fautes par ligne. Même les dossiers des patients sont classés n'importe comment : je me suis aperçu que mes deux dernières secrétaires ne connaissaient pas l'ordre alphabétique. C'est à se demander ce qu'elles apprennent à l'école et en BTS. » Et Gilbert n'a pas un ignoble réflexe de classe. Marie-José, femme de vigneron, est confrontée au même problème. « On nous dit dans les médias que ça n'a pas d'importance, l'orthographe, mais tout de même, s'insurge-t-elle. Nous ne pouvons pas embaucher une secrétaire qui ne sait pas écrire ! »

Quand ces jeunes achèvent leurs études, il leur manque les bases. Rien à voir avec l'éternel discours sur l'inadéquation de l'école à la vie professionnelle. Ce qu'attendent ces patrons ou petits commerçants, ce n'est pas que les jeunes connaissent déjà le métier, mais qu'ils soient en condition de l'apprendre. « C'est une question de rapport au temps, précise Michel. Il y a des exigences de la nature, il y a des bases qu'il est nécessaire d'acquérir. Ce n'est pas du tout un problème de niveau social. Il faut simplement accepter un certain temps d'attente avant de réussir quoi que ce soit, avant d'arriver quelque part. » Dans un domaine qui n'a rien de commun avec les pièces détachées que produit la PME de Michel, les problématiques sont semblables. Frank est chef dans un des plus prestigieux restaurants de la Côte d'Azur. Quand on l'interroge sur ses relations avec les jeunes qui passent dans ses cuisines, le constat est le même. « Ils sortent de l'école d'hôtellerie sans connaître les bases de leur métier, regrette-t-il. Ils ne savent pas ce qu'est une sauce béarnaise, ce qu'est un potage. Mais le plus grave, c'est que ça ne les intéresse pas. Ils affichent le mépris le plus total pour tout cela. Cette année, trois jeunes sont partis de chez moi en m'expliquant que ma cuisine était trop classique pour eux, qu'ils voulaient faire quelque chose de plus créatif. J'ai essayé de les convaincre qu'il leur fallait d'abord apprendre les bases, et qu'ensuite ils pourraient faire ce qui leur plairait, mais que la cuisine, c'était avant tout savoir cuire correctement une viande ou un poisson. Je suis passé pour un vieux con. » Ces jeunes-là rêvent de « s'exprimer », de mettre en avant leur moi. Ils évoluent dans un monde atomisé où l'individu se construit sans la moindre référence à ce qui l'a précédé, où le seul temps qui ait cours est celui de l'immédiateté.

Celui de l'immédiateté et celui de la consommation. Martine s'occupe d'organiser des activités et des ateliers dans un collège des Yvelines. Être confrontée à de jeunes enfants de 11-12 ans, les voir défiler chaque année, lui donne le sentiment d'une accélération frappante. « En cinq ou six ans, raconte-t-elle, j'ai vu les gamins changer. Ils ont de plus en plus de mal à se concentrer, à fixer leur attention sur un seul sujet. Mais surtout, ils affichent une mentalité incroyablement consumériste. Je leur fais faire des petits exercices de couture, et je leur demande pour cela de découper un cercle dans un morceau de tissu. Et j'en ai de plus en plus qui découpent au milieu, sans penser un seul instant à économiser le tissu. Quand je leur propose d'apprendre à faire un ourlet ou à repriser, ils m'opposent un ricanement méprisant : aucun intérêt, puisqu'on peut racheter. Ça n'a l'air de rien, mais cela influence leur façon de traiter un problème, d'envisager une question plus abstraite. Ce que j'observe n'est qu'un révélateur. » En bref, ces enfants-là vivent dans un monde jetable, où tout ce qui les entoure, les objets, mais aussi les idées, les œuvres de l'esprit, est susceptible de se démoder aussi rapidement que les téléphones portables dont ils usent et abusent.

On peut considérer que ça n'est pas dramatique. Qu'il y ait des fautes d'orthographe dans les lettres, qu'importe : il suffit de ne pas s'en formaliser. Que les jeunes cuisiniers ne sachent plus brider un poulet, qu'importe également : ils savent sans doute préparer beaucoup d'autres plats plus modernes. La « world food » ne s'embarrasse pas de ces vieilleries. On peut toujours traiter ces témoignages par le mépris, ou les tenir pour une généralisation abusive. Il est vrai que tous les jeunes ne font pas dix fautes d'orthographe par ligne, et que tous ne quittent pas un employeur à la moindre insatisfaction. Mais ces récits révèlent malgré tout un état général du rapport entre les générations. Dans des domaines très divers, les références permettant d'exercer une activité ne sont pas acquises. Les jeunes manquent de ces connaissances et de ces règles si nécessaires à l'accomplissement des tâches auxquelles ils se destinent. Non pas les connaissances techniques spécifiques à leur orientation, mais les notions générales qui constituent un préalable fondamental.

Une précision s'impose ici : les exemples cités jusqu'à présent concernent des métiers tels que la restauration, le secrétariat ou l'artisanat. Faut-il pour autant en déduire confortablement que seuls les milieux modestes et les classes moyennes sont touchés par ce phénomène ? La fracture générationnelle dont nous parlons ne serait donc qu'un nouvel avatar de la fracture sociale ? C'est bien triste, penseront certains en se recalant dans leur fauteuil, mais que voulez-vous, l'école a tant de difficultés, avec les nouveaux publics, ces jeunes des banlieues qu'on ne maîtrise pas... Ceux-là ne se sentiront pas concernés, et retourneront vite à leur satisfaction de cadre urbain persuadé que tant que les élites pourront suppléer l'insuffisance du peuple, le système sera sauvé. Apprêtons-nous donc à les tirer de leur torpeur. Les jeunes étudiants en école de commerce qui ne savent pas ce que représente le symbole de la colombe tenant un rameau d'olivier, ou situent Picasso au XVIIIe siècle, les étudiants en lettres qui n'ont jamais lu une ligne de Rabelais et ponctuent leurs textes de fautes de grammaire, ne sont pas du tout issus de milieux défavorisés. Sur les bancs de l'université, de plus en plus d'enseignants se trouvent confrontés à des étudiants qui, eux non plus, ne possèdent pas les bases du domaine d'études choisi. Parfois incapables de manier l'argumentation et la réflexion, et démunis d'intérêt pour tout ce qui ne présente pas une utilité immédiate, tel cet étudiant répondant à son prof : « Le Front populaire ? Non, ça ne me dit rien. Mais de toute façon, c'était avant qu'on soit nés, donc ça ne nous concerne pas. » Stéphane enseigne en classe préparatoire à l'Agrégation de biologie. Pour lui, le tableau est sombre. « Ce qu'ils écrivent dans les copies est juste, explique-t-il, si l'on isole chaque proposition. Mais le discours général est incohérent. Privé de logique. Et ces jeunes gens postulent pour un concours d'enseignement ! » Difficultés à élaborer un raisonnement et absence totale de culture générale : le diagnostic est partout sans appel. Au point que, en 2004, la prestigieuse École du Louvre s'est vue contrainte d'annoncer l'organisation de cours de culture générale pour ses étudiants de première année. Ceux qui ont réussi le concours d'entrée, les meilleurs parmi tous ces candidats se destinant au métier de conservateur de musée ou à d'autres métiers d'art, connaissent si peu la littérature grecque et latine, les récits bibliques, qu'ils restent muets devant un tableau classique de la peinture occidentale. Les références basiques leur font défaut. Et l'on ne prétendra pas cette fois que cette culture-là était l'apanage d'une petite élite, la « démocratisation » expliquant à elle seule le phénomène : le recrutement de l'École du Louvre n'a pas changé, on n'y a pas vu affluer en quelques années les enfants d'ouvriers.

Ces quelques exemples pourraient être enrichis à l'envi. Ils montrent tous que, dans des domaines très concrets, touchant aux activités économiques les plus diverses, comme aux domaines les plus abstraits, voire considérés comme élitistes, la rupture de transmission entre les générations se manifeste par une inadaptation de ces jeunes au monde professionnel rencontré. Elle génère surtout des modes de fonctionnement différents, des visions du monde opposées. Car la rupture porte sur tout ce qui fait le contenu de la transmission, sur ce que les êtres humains essayent en général de donner en héritage à leurs enfants pour que leur civilisation puisse se perpétuer, un contenu dont Guy Coq écrit qu'il « porte sur les formes essentielles de la culture humaine : le langage, les héritages culturels, la mémoire collective des récits, l'histoire, la rencontre avec des œuvres dont certaines ont marqué plusieurs générations, les sciences, le lien social, la sociabilité, les styles de relations avec le monde, avec les autres, et enfin les valeurs et les structures symboliques [1] ». En fait, tout ce qui ressort, l'air de rien, des témoignages précédents. Bref, on assiste à une déconnexion majeure des générations qui ont aujourd'hui moins de vingt-cinq ans d'avec celles qui les ont précédées. Bien sûr, l'avenir est à eux. Alors laissons les vieux cons récriminer. Ces jeunes, eux, savent se servir d'un ordinateur, et, grâce à la nouvelle loi d'orientation sur l'école, ils maîtriseront bientôt « l'anglais de communication internationale », c'est-à-dire un jargon de quatre cents mots simpliste et fumeux. Et puis, les études sociologiques montrent que les « valeurs » des jeunes tendent à se rapprocher des celles des adultes. Alors que la jeunesse des années 60-70 était en rupture totale avec la société, en contestait l'autorité, le pouvoir et la morale, celle des années 1990-2000

1. Guy Coq, *Éloge de la culture scolaire*, éditions du Félin, 2003.

serait-elle plus proche de ses pères[1] ? Au diable, donc, ce discours anti-jeunes qui va à l'encontre des études des sciences humaines ? La fracture générationnelle ne serait-elle qu'un « sentiment » de rupture, rien de rationnel ? Souvenons-nous un peu du « sentiment d'insécurité », tant stigmatisé par la presse et les partis de gauche, et de ses conséquences sur les élections de 2002. Les « valeurs » affichées dans un sondage n'ont rien à voir avec la pratique quotidienne, les modes de vie et les fonctionnements logiques. C'est précisément parce qu'elle ne concerne pas le discours affiché que la faille ainsi ouverte aura du mal à se refermer. Parions donc que les récriminations des vieux cons, parce qu'elles sont étroitement liées aux réalités les plus concrètes, aux besoins les plus pragmatiques, ne font qu'annoncer des dégradations plus importantes, des sécessions plus violentes, voire des fractures irréversibles.

1. L'ouvrage d'Olivier Galland et Bernard Roudet, *Les valeurs des jeunes, tendances en France depuis vingt ans* (L'Harmattan, 2001), repose sur cette idée d'un rapprochement, qui serait d'ailleurs le fait de la génération 68 : « Sur bien des points, écrivent les sociologues, les opinions des Français ayant aujourd'hui entre 40 et 50 ans, voire 60 ans, ont résisté, plus que ne l'avaient fait les générations précédentes, à l'effet du vieillissement qui affaiblit la tolérance à l'égard des comportements déviants ou simplement atypiques. [...] Même si les Français plus âgés continuent d'être moins tolérants que les plus jeunes, le chemin qu'ils ont parcouru en vingt ans est impressionnant et rapproche considérablement leurs opinions de celles des jeunes. » L'aplanissement par la pensée dominante a bien fonctionné, réjouissons-nous.

2.

Du conseil en vacuité managériale comme métier d'avenir

La collection d'observations mal pensantes, de remarques ringardes et de réactions anti-jeunes qui garnissent le chapitre précédent de cet ouvrage, au grand effroi des âmes les plus pures, présente une particularité. Elle émane d'une frange de la population ne constituant pas les classes professionnelles dominantes. Ces vignerons, artisans, commerçants ou médecins n'exercent pas des métiers d'avenir, de ces métiers dont on nous explique aujourd'hui qu'ils seront les emplois de demain – ou les catégories de chômeurs de demain – auxquels il faut préparer la jeunesse. Ce qui sous-entend qu'il ne faut pas la préparer au reste, aux autres types d'activités, à la réflexion ou à l'exercice du statut d'être humain. Le discours qui s'étale au long des rapports de l'Éducation nationale ou de la presse traitant des questions d'emploi cultive le lieu commun : la société de demain, d'après-demain et des siècles qui ne manqueront pas de suivre sera communicante. Elle réclamera des compétences bien plus élevées que le monde archaïque dans lequel nous vivions jusqu'à présent. Le dernier rapport du Haut Conseil de l'évaluation de l'école, publié en octobre 2003[1], en tirait d'ailleurs les conclusions qui s'imposent : il faut augmenter le nombre de bac+2. À l'heure où l'on commence à peine à admettre les ravages du slogan érigé en objectif progressiste, 80 % d'une classe d'âge au niveau du baccalauréat, on forge le mythe d'une société entière à bac+2 sans jamais définir de contenu réel ni à ces deux années, ni à toutes celles qui auront précédé. Le nouvel objectif fixé par la loi d'orientation sur l'école, tels les grands chantiers staliniens, tend à concrétiser cela en portant à 50 % la part d'une classe d'âge diplômée de l'enseignement supérieur. Il s'agit en fait de former, à la louche, ces nouvelles classes managériales virtuoses des nouvelles technologies et maniant avec dextérité l'anglais de communication internationale. Objectif largement utilitaire, ayant, qui plus est, le mérite de fixer d'emblée les priorités.

Pour le dire plus clairement, ceux qui pensent de travers, et dont l'opinion ne s'exprime pas souvent dans les médias, n'appartiennent généralement pas à cette caste nouvelle à laquelle l'humanité tout entière se doit pourtant d'appartenir. Ceux qui remarquent aujourd'hui que la jeunesse n'a plus les moyens intellectuels et culturels de

1. « Éléments pour un diagnostic de l'école » : rapport du Haut Conseil de l'évaluation de l'école, sous la direction de Christian Forestier, publié le 10 octobre 2003.

comprendre le monde qui l'a précédé ont, de surcroît, le mauvais goût d'exercer ces activités triviales qui faisaient jusqu'à présent vivre une société. Ils soignent, ils nourrissent, ils produisent. Bref, ils se coltinent le réel. C'est bien là que le bât blesse. Parce qu'ils sont ancrés dans un temps et un espace, parce qu'ils sont enracinés dans une réalité, ils perçoivent la déconnexion croissante de ces jeunes dont l'absence de références culturelles accompagne un décrochage plus général. Quand les conditions mêmes de la sociabilité sont atteintes, les activités économiques ne peuvent manquer d'être ébranlées. Autrement dit, le fait que le décrochage culturel apparaisse au grand jour et pose problème dans certains domaines considérés comme « subalternes » ou « archaïques » ne prouve pas qu'il n'existe pas ailleurs et qu'il n'aura pas là aussi de conséquences sur le fonctionnement même et l'efficacité des futurs employés de ces secteurs. Mais le fait est que, pour l'instant, la machine tourne. Tout du moins semble tourner.

Pourquoi une telle différence de perception entre les domaines d'activité et les tranches de la société ? Parce qu'il existe une division majeure dans le monde du travail entre ceux qui exercent une activité traditionnelle, de production ou de service, et ceux qui entrent dans la catégorie de ces cadres intégrés à une structure économique fondée sur la libéralisation des marchés et la circulation des capitaux. Une division flagrante dans le rapport au réel, le rapport au temps, le mode de vie et finalement tout ce qui fait l'être au monde. Somme toute, la façon dont un individu s'intègre dans une société. On entendra par « activité traditionnelle » une activité dans laquelle n'entre pas seulement l'échange marchand, mais qui peut mettre en œuvre d'autres formes de relations humaines, fondées sur la vocation, l'amour du travail bien fait ou le plaisir de produire un objet « ouvragé » (on entend à ce stade du discours se gausser les esprits « lucides » pour qui ces mots semblent surgis du fond des âges). Tout simplement, quand un ébéniste restaure un meuble ancien, ce n'est pas que pour l'argent qu'il pourra en tirer, et les week-ends de détente en thalassothérapie qu'il pourra s'offrir, mais pour sa propre satisfaction à créer du beau et du bon.

Dans *La Révolte des élites*, Christopher Lasch a forgé le concept de « classe professionnelle-manageriale », ou « professions intellectuelles », qui englobe à peu près ce que la société post-industrielle produit de cadres supérieurs d'entreprises mondialisées, et de communicants divers et variés. « Grâce au déclin des vieilles fortunes et de l'éthique de responsabilité civique qui leur était propre, écrivait l'historien américain en 1994, les allégeances locales et régionales se retrouvent aujourd'hui pitoyablement affaiblies. La mobilité du capital et l'émergence d'un marché planétaire concourent au même effet. Les nouvelles élites sociales, où ne figurent pas seulement les dirigeants des entreprises, mais toutes les professions qui produisent et manipulent l'information – le sang et la vie de ce marché mondial – sont bien plus cosmopolites, ou du moins plus vagabondes et migrantes que leurs prédécesseurs. De nos jours, il faut, pour progresser dans les affaires et les professions intellectuelles, être disposé à suivre le chant des sirènes de l'opportunité. Partout où il voudra nous mener. Ceux qui restent dans leurs pantoufles abdiquent toute occasion d'ascension sociale. Jamais la réussite n'a été plus associée à la mobilité, concept qui ne figurait que marginalement dans la définition de l'opportunité au XIXe siècle. Son avènement au XXe siècle est en soi une indication importante de l'érosion de la démocratie : la perspective n'est plus en gros l'égalité des conditions sociales, mais simplement la promotion sélective des non-élites dans la classe professionnelle-manageriale [1]. » On ne saurait mieux expliciter la vision du monde de ces nouveaux maîtres détenteurs du capital le plus important qui soit dans une société moderne : les moyens de communication et d'information. Ces classes nomades, pour lesquelles la mobilité est en effet la valeur première, n'ont nul besoin de transmission culturelle. Bien au contraire, les principes portés par les générations précédentes, ancrées géographiquement et symboliquement, ne peuvent que constituer une entrave pour l'émergence d'une société fonctionnant en réseau, une société délocalisée, belle comme une publicité d'IBM : « Salut, t'es où ? – À Londres. – Mais je te croyais

1. Christopher Lasch, *La Révolte des élites*, éd. Climats, 1996.

à Boston. Moi je suis à Paris. – Ah bon ? Je te croyais à Tokyo. – Changement de plans. » Ça fait rêver, non ?

Bien évidemment, la grande majorité de la population appartient à l'autre catégorie, celle qui ne détient pas le capital d'information, qui exerce un métier classique et non tourné vers le progrès et la modernité. Et les jeunes que l'on dirige vers ces nouvelles castes n'en seront le plus souvent que les petites mains, n'ayant pour eux que le stress du déracinement culturel, sans jamais atteindre l'existence rêvée des élites mondialisées dont l'ultime modèle serait Jean-Marie Messier s'écriant devant les caméras « Putain, je suis heureux ». Citant l'économiste américain Robert Reich, Christopher Lasch a fourni une description précise d'une division diagnostiquée au sein de la société américaine, et qui apparaît en France avec chaque jour un peu plus d'acuité. Évoquant ce que Reich appelle les « analystes symboliques », Lasch explique qu'il « s'agit de gens qui vivent dans un monde de concepts et de symboles abstraits, vont des cours de la Bourse aux images visuelles produites par Hollywood et Madison Avenue, et se spécialisent dans l'interprétation et le déploiement de l'information symbolique. Reich les oppose aux deux autres catégories principales de travailleurs : les "travailleurs productifs de routine", qui accomplissent des tâches répétitives et exercent peu de contrôle sur la conception de la production, et les "serveurs en personne" dont le travail est également pour l'essentiel une routine mais qui “doit être fourni de personne à personne”, ce qui interdit donc qu’il soit “vendu à travers le monde” ». Sans reprendre trait pour trait ces catégories, on peut dessiner une ligne de partage qui reléguerait dans le silence et l’« archaïsme » toutes les catégories professionnelles ayant pour vocation de *servir* autrui, au sens originel de ce verbe, sans que cela désigne aucunement ce que nous appelons aujourd’hui les emplois de service, tout au contraire. Ainsi quand le Professeur Bernard Debré explique que la vocation des métiers médicaux et paramédicaux est avant tout de servir, au sens le plus noble et le plus simple du terme, il n’entend pas autre chose. Et lorsqu’il précise qu’il est de plus en plus rare de trouver des gens pour accepter cette idée sans se sentir humiliés, il touche là à un point essentiel.

Car servir implique une multitude de valeurs et de modes d’être, un rapport à l’autre particulier, bref, une certaine conception du lien social à travers une activité économique. Or, c’est le premier point : l’idée même de servir autrui est devenue insupportable à l’individu démocratique. Au nom de l’égalité, valeur démocratique suprême, la déférence envers l’autre devient, contresens fatal, synonyme de subordination, de soumission, et par là même intolérable. Entendons-nous bien : il n’est pas question de rejeter l’égalité comme principe démocratique essentiel, mais de comprendre comment le fait de l’ériger en impératif absolu et aplanissant, au détriment des liens indispensables aux individus, risque de détruire certains types de rapports humains pourtant nécessaires à la perpétuation d'une communauté de citoyens. Concept que l'on peut rapprocher de ce que Jean-Claude Michéa, à la suite de George Orwell, appelle « common decency ». « Il s'agit avant tout, écrit Michéa dans *Impasse Adam Smith*, d'un sentiment intuitif (Orwell dit parfois "émotionnel") des "choses qui ne doivent pas se faire", non seulement si l'on veut rester digne de sa propre humanité quand les circonstances l'exigent [...] mais, plus simplement, et peut-être surtout, si l'on cherche à maintenir les conditions d'une existence quotidienne véritablement commune[1]. » Si la rupture de transmission peut avoir une conséquence directe dans le monde du travail, c'est bien celle de rendre obsolète, et presque dérisoire, aux yeux des jeunes générations, cette idée que l'on puisse exercer une activité pour être utile à la société, pour rendre service, pour remplir une mission. Cette remarque incroyable de désuétude, « c'est un beau métier », qui signifie que ce métier répond quasiment à un devoir social, n'a plus cours. Travailler directement sur de l'humain est terriblement *has been*. Le cadre managerial, certes, gère une équipe, s'occupe éventuellement d'y faire « circuler l'information », mais son travail porte sur cette information proprement dite, sur ces données abstraites qu'il n'est absolument pas nécessaire de relier à la moindre réalité. Au point

1. Jean-Claude Michéa, *Impasse Adam Smith*, éd. Climats, 2002.

d'impliquer un rapport au monde et à autrui sensiblement différent.

La fracture générationnelle qui frappe la France, et rend les jeunes âgés aujourd'hui de vingt-cinq ans et moins parfaitement étrangers à la culture et à la civilisation qui les a vus naître ne peut donc se manifester en premier lieu que dans un cadre où leur absence totale de références sera vécue comme un manque, dans ces métiers qui émanent d'une organisation sociale non encore « moderne ». Ces métiers sont aussi de ceux qui nécessitent un apprentissage, parfois en quasi-compagnonnage, ou du moins une relation interpersonnelle forte entre celui qui se forme et celui qui lui apprend, une relation proche de la traditionnelle relation maître-disciple que l'on peut considérer comme la base même de toute humanité. Elle est ce qui permet à chaque génération de bénéficier des découvertes des précédentes, sans redémarrer systématiquement à l'âge de pierre. Certes, nous ne sommes plus à l'âge de pierre et nous avons pour tout cela les écoles à formation professionnalisante. Mais on ne sort pas de l'école ou de l'université avec les connaissances et la maîtrise suffisantes pour se passer des conseils et de l'expérience des plus âgés. N'en déplaise aux chantres de la « formation tout au long de la vie », ce nirvana des industries de l'éducation, c'est souvent par la confrontation avec le réel et l'aide d'un aîné que l'on évolue le mieux dans ses pratiques. Mentor est un personnage qui ne dit plus rien aux adolescents d'aujourd'hui. Les vieux comprendront.

Et c'est là que le rapport entre les générations, s'il est rendu conflictuel par des visions du monde trop divergeantes, peut devenir un obstacle à la transmission des gestes et des savoirs propres à chaque activité. En définitive, le rejet de tout ce qui est vieux, associé au culte de l'immédiateté, rend littéralement impossibles, quasiment sans intérêt, le passage de relais et la perpétuation des savoir-faire, qui valorisaient l'expérience. Régis Debray a décrit ce phénomène avec humour dans son dernier ouvrage, *Le Plan Vermeil* : « On apprend à travailler, écrit le philosophe, on n'apprend pas à s'amuser. Plus de secrets de métier ni de tours de main à recueillir d'un maître, comme jadis l'apprenti ou l'aspirant ébéniste, serrurier-métallier ou staffeur-stucateur. Le temps long des Tours de France, avec l'échelle des grades et des brevets des Compagnons du Devoir, n'a plus lieu d'être quand il suffit de payer pour se distraire. Notre civilisation du moindre effort possible pour le plus d'effets gratifiants peut se passer du porteur de flamme, sauf aux spectacles Son et Lumière ou aux Jeux Olympiques, pour faire joli [1]. » S'il suffit de payer pour se distraire, s'il suffit d'être jeune et d'avoir usé ses culottes sur le banc d'une école de commerce ou autres techniques de marketing pour en remontrer à ces vieux débris, avec leurs traditions et leurs habitudes ancestrales, alors le

1. Régis Debray, *Le Plan Vermeil*, Gallimard, 2004.

temps de l'apprentissage devient du temps perdu, et ce qui est vieux, toujours dépassé. Pour ceux qui ont grandi dans ce monde-là et n'ont jamais été confrontés à cette quatrième dimension s'imposant à leurs désirs et à leurs appétits, la transmission est impensable, son contenu inassimilable.

Le rapport au temps, dans ce monde virtuel où évoluent les cadres proposés en modèle à la jeunesse, n'a plus rien de commun avec celui qu'ont pu connaître des générations qui ne vivaient le temps que comme une donnée, et parfois une contrainte. Dans l'univers moderne des nouvelles technologies et du marché mondial, le temps est aboli, comme autrefois l'espace par la révolution des transports. Parfaitement analysé par Paul Virilio dans *Cybermonde, la politique du pire*, ce renversement des repères abolit l'histoire humaine, et avec elle la transmission, pour unifier la pensée dans un présent éternellement répété. « Il est sûr, explique l'urbaniste, que l'histoire et la géographie ont été simultanément gérées par deux intervalles historiques et géographiques majeurs : l'intervalle d'espace et l'intervalle de temps. Nous venons d'innover un troisième intervalle, celui du genre lumière, de signe nul, c'est-à-dire du genre de la vitesse de la lumière. [...] Il abolit l'intervalle de temps qui a fait l'histoire[1] ! » L'immédiateté est la valeur suprême, et le gain de temps l'horizon ultime, jusqu'à l'écrasement total dans l'instant.

---

1. Paul Virilio, *Cybermonde, la politique du pire*, éd. Textuel, 1996.

Aussi bien, le temps de la transmission, du passage de relais, devient intolérable. Le travailleur doit lui aussi gagner du temps, aller plus vite que le voisin, s'engouffrer dans une course effrénée contre la montre.

À ce jeu-là, celui qui s'englue dans le réel est perdant. Il faut développer le management participatif pour « fluidifier » la communication entre les agents, améliorer la gouvernance... bref, larguer les amarres et voguer sur l'océan du vide conceptuel. Les jeunes gens qui se ruent dans la pléthore d'écoles où l'on pratique ce genre d'équilibrisme notionnel et de jonglage avec mots creux travaillent sans filet. Rien ne les rattache encore au temps vécu, à la durée. On leur vante la réactivité, le mouvement, l'évolutivité. On les flatte dans le sens du cheveu ébouriffé. Ils sont ce mouvement, cette rapidité, puisqu'ils sont la jeunesse, puisqu'ils méprisent la lenteur et le recul. Qu'auraient-ils à apprendre des vieux, eux qui leur sont supérieurs par nature, supérieurs dans leur être même ? Ils sont Alexandre le Grand parti à la conquête du monde, et qui n'aurait pas eu besoin d'Aristote comme précepteur – mais sans Aristote, pas d'Alexandre ; les jeunophiles incultes ne l'auront sans doute pas appris. Dans ce contexte, l'autorité fondée sur l'expérience et le savoir a fort peu de chance d'émouvoir le jeune cadre triomphant à qui l'on a expliqué qu'il était, quoi qu'il arrive, l'être suprême, le surhomme vers lequel tendait l'humanité jusque-là boiteuse. Ce qui n'a guère de conséquence immédiate dans l'exercice des professions manageriales, puisqu'elles ne nécessitent justement que la table rase. Les « pratiques anciennes », les bonnes vieilles techniques de papa, y sont jetées aux orties. Il faut être novateur, moderne. Mais le modèle, appliqué dans l'ensemble des rapports professionnels, a comme des ratés. Éliminer comme des indésirables les indélicats qui ont le mauvais goût de dépasser cinquante ans peut à la rigueur fonctionner à court terme, lorsqu'il s'agit de calculer un rapport efficacité-salaire. On laissera de côté la déperdition monumentale de savoir et d'intelligence accumulés en pure perte, puisqu'il est bel et bien décrété que tout cela n'est d'aucune utilité dans l'entreprise mondialisée. Tout au plus osera-t-on rappeler que l'allongement de l'espérance de vie rend de plus en plus aberrante la mise sur le carreau de tout être humain dès qu'il atteint la seconde moitié de son existence. Régis Debray en a fait le sujet de son pamphlet sarcastique, *Le Plan vermeil.* Cependant, quelques laissés-pour-compte, surtout devenus inutiles, n'empêchent pas la machine de tourner. Il en va tout autrement dans les domaines où la transmission reste indispensable à la perpétuation de l'activité. Le mépris pour le vieux et son savoir y entraînent des conséquences immédiates : l'effondrement pur et simple d'une filière professionnelle, la perte des compétences spécifiques qui lui sont liées. Évidemment, ceci n'est qu'un horizon, l'image de ce qui nous attend bientôt. Pour l'instant, nous en sommes au stade des tensions, de l'absence de succession et des crises de vocation, celui de la « restructuration nécessaire d'un domaine archaïque pour le conduire vers plus de professionnalisation ».

Dans la mesure où le modèle proposé est celui de ces castes sans passé et sans avenir, de l'individu délocalisé effectuant une tâche dont il ne maîtrise pas les tenants et aboutissants, et dont l'ancrage dans le réel relève du pur fantasme, les jeunes gens qui débutent leur vie sociale et professionnelle sans autre image en tête ne sont absolument pas préparés à recevoir la moindre connaissance extérieure au cadre qui est le leur, et dont l'utilité immédiate leur échapperait. Ils ne sont pas prêts, non plus, à accepter avec humilité le temps nécessaire à l'apprentissage, temps qui n'est généralement pas celui de la jouissance et de l'épanouissement.

Car le mythe de la société communicante a conduit à organiser l'ensemble du système éducatif en fonction des besoins de ces professions manageriales. Il n'y a pas d'autre motif à la mise en avant incessante de l'objectif d'une classe d'âge à bac+2. Le vide abyssal de cet objectif non pensé se marque d'ailleurs par son caractère parfaitement arbitraire : à l'heure de la réorganisation des études supérieures en cycles de trois, cinq et huit ans, pour cause d'harmonisation européenne, l'échéance de bac+2 ne signifie plus rien, ce qui n'empêche pas les grands prêtres de la rue de Grenelle de brandir le chiffre magique. Il s'agit de valoriser la seule formation valable et à laquelle tout jeune a « droit », celle de futur conseiller en vacuité manageriale. Avec un mépris total pour l'enseignement professionnel et les filières courtes, et plus globalement pour toute activité manuelle, bien évidemment indigne d'être choisie. Puisque tout le monde a droit à une filière longue, toute filière courte est considérée par ces esprits égalitaires comme un échec, une « voie de garage » où se retrouveront forcément les élèves défavorisés (donc jugés d'emblée moins capables que les enfants des élites). Le résultat le plus immédiat a été de façon fort comique énoncé par Claude Allègre lui-même, dans une chronique de *L'Express* le 3 mai 2004 : « Il y a en France 30 000 emplois dans le bâtiment, payés plus de 1500 euros par mois, qui ne sont pas pourvus ! Des jeunes avec un Deug en sont réduits à être caissiers de supermarché et en veulent donc à la société de ne pas leur offrir d'emplois correspondant à leur qualification. » On a tout simplement oublié qu'une société, si « communicante » et technologique soit-elle, aura toujours besoin de logements, de pain, de viande...

Mais qu'importe. L'avenir n'est pas du côté des plombiers ou des électriciens, il est du côté du conseil et du marketing. Telle est l'orientation des discours, et des enseignements. Un reportage de France Inter sur les Instituts universitaires de formation des maîtres, le 31 octobre 2004, donnait le ton : Raymond Philippe Gary, directeur de l'IUFM de Clermont, y déclarait que « les DRH, lors des entretiens d'embauche, ne regardent pas les diplômes, parce qu'ils en connaissent la valeur, mais ce qu'ils cherchent, ce sont des gens capables de travailler en équipe. L'école a donc de gros progrès à faire de ce côté-là ». Si les DRH le réclament... Il s'agit de former des gens « adaptables », puisque c'est le maître mot, des gens flexibles et interchangeables. Il s'agit de donner enfin à l'école une utilité économique concrète, palpable. L'entrée dans les « enseignements fondamentaux » des nouvelles technologies et de l'anglais « de communication internationale », aux côtés du triptyque lire-écrire-compter en est la dernière illustration. Dès l'école primaire, l'objectif est de préparer les enfants à répondre aux besoins de la société moderne, et, selon les mots mêmes d'un ancien président de la PEEP (fédération de parents d'élèves habituellement classée à droite mais grande admiratrice des réformes Allègre), de « faire en sorte qu'ils puissent trouver un emploi ». On ne s'y prend jamais assez tôt. Les connaissances historiques ne permettant pas de trouver un emploi, mais seulement de devenir un citoyen conscient, elles n'ont pas été jugées dignes par Claude Thélot et ses technocrates mandatés de figurer parmi ces enseignements fondamentaux auxquels la nouvelle loi d'orientation sur l'école accordera toute son attention. Il a fallu les protestations du corps professoral pour que la rue de Grenelle s'en émeuve. De même, l'orientation des programmes de français au lycée, qui n'envisagent tout texte que comme un discours argumentatif ayant pour but de « convaincre et persuader » (la thématique fixée à la classe de seconde par les programmes mis en place sous Claude Allègre et Jack Lang), fait de l'enseignement des lettres un instrument pour la formation de bons commerciaux. Et, plus largement, le souci de rapprocher le contenu des enseignements du monde moderne se traduit par un formatage en fonction des impératifs de l'entreprise de secteur tertiaire et de ses cadres, tout ce qui ne leur est pas directement utile étant aussitôt classé dans la catégorie « archaïque », trop éloigné des réalités des jeunes.

Tout cela va de pair avec un entraînement quasi permanent de la jeunesse à ce qui doit devenir son mode d'être au monde, son nouveau rapport à autrui et au travail. La diffusion des méthodes manageriales dans l'ensemble des strates de la société implique la destruction de toutes les autres formes de pratiques professionnelles et sociales, jugées peu performantes, et la mise en place de procédures d'évaluation et de contrôle qui éliminent peu à peu le résidu humain dans chaque tâche. La fascination des médias et des décideurs politiques pour le fonctionnement en réseau propre à ces classes manageriales conduit à l'abolition des hiérarchies structurantes qui caractérisaient bon nombre d'organisations, de l'hôpital public aux entreprises les plus diverses, désormais sommés d'adopter le nouvel ordre entreprenarial à base de gouvernance, de schémas directeurs regroupant des « items », des « codes », des « process »... Tout un jargon qui signifie simplement que chaque acteur voit son action morcelée et contrôlée de façon à ne plus lui laisser la moindre autonomie de pensée. Le tout, bien sûr, au milieu d'une logorrhée sur l'émancipation et l'autonomie de chacun, et sa nécessaire « adaptabilité ». L'environnement intellectuel de la jeunesse est donc habité par cette non-pensée, dont l'objet principal est d'abolir le monde ancien, jugé monstrueusement autoritaire et hiérarchique, ce qu'il était bel et bien parfois. La fin de l'autorité, au nom de l'égalité au sein du réseau, est d'ailleurs tant vantée que le retour du vieux démon dans les aspirations populaires déclenche une avalanche de tirs de barrage. Alain Renaut y consacre un ouvrage[1], dont la thèse principale est qu'une société démocratique ne peut accepter la plus infime supériorité entre les êtres, et que l'égalité ne peut que s'identifier au nivellement. Il est ainsi devenu impensable, même à un philosophe comme le coauteur de *La Pensée 68*, qu'il puisse exister une autorité évidente et indispensable. Une autorité légitime due à la supériorité des compétences et du savoir, et, c'est là l'essentiel, restreinte à une situation donnée où transparaît cette supériorité. Impensable qu'aussi bien à l'école que dans l'exercice d'un métier, cette autorité puisse s'exercer d'un aîné vers un plus jeune.

Le barbare moderne, en costume et cravate, n'a donc nul besoin des vieux, nul besoin de leurs conseils, ni de ces encombrantes notions, de ces vieilleries inutiles, récits mythiques, œuvres d'art

1. Alain Renaut, *La Fin de l'autorité*, Flammarion, 2004.

ou références historiques. Il conquiert le monde, son Palm à la main, en nouvel Attila. Enfin, pas tout à fait. Car les jeunes cadres trentenaires qui se pressent entre les tours de la Défense ne sont pas encore l'aboutissement ultime de cet effacement systématique du passé. L'école qu'ils ont connue n'avait pas encore achevé sa mue manageriale, et les valeurs auxquelles ils ont été confrontés plus jeunes n'étaient pas encore libérées de toutes les antiquités : respect pour l'expérience, humilité devant les contraintes temporelles... Tout cela permet parfois de surprendre, dans les brasseries parisiennes, quelques conversations amusantes entre ces entre-deux civilisationnels : « Tout de même, ils ne font plus la même chose que nous, les jeunes, à l'école. Moi, je me souviens que j'avais lu un peu de Platon, et même un peu de Montaigne. » Ceux-là n'ont pas encore le cerveau totalement formaté. Ils ont profité des dernières lueurs de la transmission culturelle. Et ils oscillent entre le doute face au gouffre qui s'avance, et la soumission au diktat béat qui leur prescrit d'accepter l'époque comme elle va. Ils peuvent même parfois bénéficier d'un séminaire de culture générale offert par leur entreprise, puisque la mode du développement personnel, et autres escroqueries « psychologisantes », laisse la place, discrètement, dans le cœur des directeurs de ressources humaines, aux bons vieux cours de remise à niveau. Tiens donc ? Le cadre conquérant aurait-il besoin malgré tout de connaître deux trois détails sur le monde qui l'entoure ? C'est en tout cas ce que découvrent les recruteurs, avec un peu d'avance sur les hiérarques de l'Éducation nationale et les hérauts des élites mondialisées. Car les difficultés que connaissent aujourd'hui les professions traditionnelles ne sont que le signe avant-coureur de problèmes plus vastes. Même dans des domaines où la performance économique ne dépend pas directement de la transmission de savoirs, la rupture civilisationnelle qui ronge le lien social détruit aussi le lien économique. Précisément parce que cette « adaptabilité » des travailleurs français, qui constituait le premier critère attractif pour les entreprises étrangères, était dû à la qualité d'un enseignement fondé sur la culture générale et sur des savoirs jugés désormais inutiles par les modernistes. Pour le dire autrement, fabriquer des barbares, si performants soient-ils dans leur domaine propre, n'est pas le meilleur gage de réussite économique. D'autant que ces élites qui surfent aujourd'hui sur les mouvements boursiers et les flux d'information ne doivent leur efficacité et leur mobilité qu'à une éducation fondée sur ces méprisables connaissances, ces valeurs anciennes, que leurs pères leur avaient transmises. Ce dont les générations suivantes risquent fort d'être privées.

3.

Du mythe de la culture commune et de ses avatars

« Vivre dans l'instant est la passion dominante – vivre pour soi-même, et non pour ses ancêtres ou la postérité. Nous sommes en train de perdre le sens de la continuité historique, le sens d'appartenir à une succession de générations qui, nées dans le passé, s'étendent vers le futur [1]. » En 1979 déjà, Christopher Lasch diagnostiquait le mal des sociétés contemporaines à travers la figure de l'individu narcissique, incapable de se situer verticalement dans une généalogie, incapable de dépasser les limites de sa propre existence. L'individu monade, voguant seul sur l'océan bienheureux de la société consumériste. Cet individu-là, qui est le modèle offert à la jeunesse, ne connaît que l'horizontalité du réseau. La contemporanéité et l'égalité sont ses valeurs. Nulle verticalité, nulle succession, nul héritage. La notion de patrimoine

1. Christopher Lasch, *La Culture du Narcissisme*, Laffont, 1981, rééd. éd. Climats, 1996.

lui est étrangère. Curiosité historique, si l'on considère que l'être humain n'a jusqu'à présent vécu que dans la perpétuation et le relecture de son passé. Le texte de Georges Duby, intitulé justement « L'Héritage », et qui conclut l'ouvrage de Fernand Braudel sur *La Méditerranée*, est un hymne à l'« accomplissement humain » à « la fierté et au bonheur d'être homme » qui naissent de l'« irrépressible tropisme », de l'attirance inconsciente que ressent tout homme pour le berceau culturel qui l'a vu naître. Un hymne à la transmission culturelle comme « ferment de création ». Pas d'avenir sans passé. Pas d'innovation sans la relecture, la réinterprétation de ce qui a précédé, son intégration dans des valeurs et des représentations nouvelles.

La notion de patrimoine est sans doute l'une des plus problématiques, comme l'une des plus éludées aujourd'hui. Au point que l'on préfère remplacer ce mot obscène par l'expression plus consensuelle, car plus vague, de « culture commune ». Pour le dire plus clairement, on proclame qu'il faut donner aux jeunes une « culture commune » pour la bonne et simple raison qu'il est considéré comme intolérable de vouloir les faire bénéficier d'un patrimoine. En effet, le mot fleure bon la reproduction sociale et l'hégémonie des classes dominantes. Pensez donc, un mot qui désigne originellement les « biens hérités du père », qui symbolise toute une odieuse tradition patriarcale. Pour se débarrasser de l'oppression, il faut, une fois de plus, supprimer la moindre trace de ce qui la rappelle, et par conséquent jeter le bébé avec l'eau du bain. Si bien que la réflexion sur le patrimoine culturel est inversement proportionnelle au nombre de visiteurs des journées du patrimoine, qui semblent tant plaire aux Français alors même que les foules processionnantes ne comprennent plus le sens de ces églises ou de ces châteaux. Le patrimoine matériel constitué par les monuments, œuvres d'art ou autres, peut à la rigueur être considéré, voire protégé, mais l'idée d'un patrimoine informel, immatériel, rassemblant les créations, modes de vie et autres structures symboliques développés au cours des siècles dans cette partie du monde (qui se reconnaît dans les institutions de la République française), paraît incongrue, voire idéologiquement louche. Certes, rien d'évident en la matière. Quelle est l'ampleur de ce patrimoine ? Que doit-il inclure ? N'y a-t-il pas autant de spécificités que d'entités culturelles composant le territoire ? Faut-il transmettre l'ensemble de ces spécificités ? Quelle part peut être considérée comme inessentielle, et quelle part au contraire doit être jugée digne de perdurer ? Et qui en jugera ? Questions infinies. Il n'est cependant pas nécessaire d'en posséder forcément toutes les réponses pour accepter l'idée que, sans ce patrimoine, il n'est plus de civilisation, et que, sans continuité historique, il n'est plus d'humanité. C'est d'ailleurs le sens que pouvait recouvrir la vieille expression « humanités classiques ». « Faire ses humanités » signifiait alors recevoir cet enseignement qui ouvre à l'universel en se confrontant à des pensées et des valeurs transcendant les lieux et les âges, autrement dit : devenir un Homme. En résumé, il s'est constitué au cours des siècles un capital de connaissances, d'idées, d'attitudes face au monde, un fond commun de l'esprit humain dont certains ouvrages sont dépositaires. Chaque grand auteur, parmi ceux que nous appelons « classiques », parce qu'ils sont restés, parce qu'ils ont duré, Homère, Thucydide, Platon, Virgile, Tacite, Plutarque, Montaigne, Chateaubriand, Hugo, Proust ou Gracq, est porteur de cette sagesse que confère la connaissance intime de l'âme humaine. Ils apportent à qui les fréquente une puissance de vie née de leur éternelle actualité. Les sujets dont ils traitent, le juste et l'injuste, la bonne foi dans l'exécution des contrats et des traités, l'héroïsme, l'homme et la famille, l'homme et la cité, la guerre et la paix, la perpétuation des civilisations, la dignité, l'honneur, tous ces sujets sont d'autant plus proches de nous qu'ils nous éloignent des guerres picrocholines du moment.

Définir un patrimoine est toujours une démarche arbitraire. Le résultat en est donc toujours contestable. Mais cela ne signifie pas pour autant qu'il faille s'interdire de le faire. Voilà bien toute l'erreur. Au nom d'une cause noble, le respect de la différence – différence d'origine, différence de milieu, ou même originalité, unicité, de chacun –, on spolie une génération entière, et l'on creuse une faille qu'il sera sans doute extrêmement difficile de combler. Parce que le patrimoine littéraire et artistique est l'apanage, et souvent la marque de distinction, des classes dominantes, il faudrait cesser de le transmettre. Ce qui, soit dit en passant, est la meilleure façon de le laisser monopoliser par les classes dominantes. Sous prétexte que Racine ou Corneille ont écrit pour les nobles, on veut en priver le peuple, en oubliant qu'ils ont avant tout écrit pour les hommes. En oubliant que le plus humble des artisans, le plus misérable des ouvriers, peut comprendre le drame de Curiace obligé par l'honneur de se battre contre son ami, la déchirure de Phèdre dévorée par l'amour, et tuée par l'aveu. Le « qu'il mourût ! » du vieil Horace n'est-il pourtant pas cité dans ce chef-d'œuvre de la littérature populaire qu'est *Le Comte de Monte Cristo* ? Mais il est vrai que l'expression même de « littérature populaire » est devenue imprononçable : on a décrété que le peuple n'aimait pas lire. Tout cela semble relever de l'évidence, mais n'empêche visiblement pas les contempteurs des « héritiers » de s'acharner à tout mettre en œuvre pour que l'héritage tout entier disparaisse.

Il y a, semble-t-il, une confusion sur les rôles respectifs de chacun. Oui, un individu est le croisement de différents héritages culturels, de différentes identités. Sa famille, éventuellement son territoire ou sa région, parfois son pays d'origine, lui lèguent des représentations symboliques, des modes de vie, qui s'ajoutent à ceux que lui propose l'école, c'est-à-dire la nation. Ces représentations peuvent différer, parfois entrer en contradiction.

Peu importe : c'est de cette contradiction même que naît la liberté de l'individu d'affirmer ses propres préférences. Face aux multiples cultures, aux innombrables spécificités qui constituent la mémoire de chacun, le rôle de l'État est donc, à travers l'école, de fixer le patrimoine commun qu'il convient de proposer à tous les citoyens. De sorte que tout individu devient le creuset de diverses généalogies, mais avec, malgré tout, ces références communes qui sont celles de la communauté nationale. Et qui rendent possible le miracle de vivre ensemble, et de faire société. Pas d'avenir sans passé, mais aussi bien, pas de présent sans passé. À l'éclatement généalogique, vertical, répond un éclatement du lien social, une explosion de la société en une infinité d'entités culturelles autonomes, qui n'ont plus pour les unifier le ciment du patrimoine commun. L'auteur de ces lignes se souvient d'avoir lu dans *Le Figaro* il y a dix ou quinze ans un article qui, dans sa simplicité, illustrait parfaitement le rôle de l'école et du patrimoine littéraire alors offert à tous. La journaliste racontait que, lors de vacances dans un petit village isolé de Bretagne, elle avait surpris dans la file d'attente d'une librairie bureau de tabac un père tendant à son fils de dix ans un court texte. « Tu l'apprendras par cœur pour demain », avait prescrit le père. Sur la couverture, « Le bateau ivre » d'Arthur Rimbaud. Presque instinctivement, elle s'était mise à réciter la première strophe. L'homme avait répondu avec la deuxième, elle avec la troisième. Cette journaliste concluait en se disant que telle était la France : où que l'on aille, dans n'importe quelle région, dans n'importe quel village, on pouvait partager avec un autre être humain le bonheur d'un poème de Rimbaud, et de l'univers qui l'accompagne. Abominablement élitiste, hurleront certains : un poème de Rimbaud, c'est la culture dominante par excellence. Les pauvres et les défavorisés ne se reconnaissent absolument pas dans ces œuvres réservées aux bourgeois. Les vertueux qui tiennent ce genre de discours n'aiment pas Rimbaud, mais ils aiment encore moins les pauvres. Ils occultent surtout le fait que Rimbaud, comme toutes les œuvres qui nourrissent la culture scolaire, fait partie du patrimoine français – autant que du patrimoine humain – et appartient à ce titre à tout citoyen, à toute personne qui cherche la vraie vie à travers les mots de sa langue.

Culture scolaire : telle est bien la notion clef. Pour beaucoup, le mot évoque les souvenirs détestables et fantasmés, cette école à l'ancienne, qu'ils n'ont parfois même pas connue, et qu'ils accusent de tant de maux réels – brutalité, bêtise, endoctrinement – au point de les traquer avec une obstination convulsive dans l'école d'aujourd'hui, pourtant si différente. L'adjectif « scolaire » incarne d'ailleurs, comble de l'ironie, ce que certains considèrent comme le pire défaut pour un élève, et pour tout être humain : le fait d'être appliqué, de remplir son rôle avec conscience. La culture scolaire, quelle horreur ! C'est tout ce qu'on n'a pas choisi de lire ou d'aimer, tout ce qu'un professeur nous impose sans que nous comprenions toujours pourquoi. Comment ne pas lui opposer alors la merveilleuse spontanéité du goût personnel, des affinités électives ? Tout en occultant simplement le fait que le « goût spontané » ne naît que chez l'être doté des outils et de la familiarité nécessaires pour aborder les œuvres. Celui qui a fréquenté le patrimoine, qui en est imprégné et peut en percevoir le prix. Bref, l'héritier ! Dans un livre intelligent et foisonnant, *Éloge de la culture scolaire*, Guy Coq s'était employé en 2003 à réhabiliter cette vieille dame délaissée. Il s'interrogeait surtout sur la spécificité de ce savoir enseigné à l'école, et qui remplit un rôle propre à l'institution, à la fois savoir universel et constructeur d'une identité. Le rôle de la culture scolaire est-il de tenir compte des spécificités de son public, d'intégrer la diversité ? Voilà bien le souhait de l'individu narcissique, qui ne conçoit les institutions que tournées vers sa personne. En commettant une incroyable erreur de perspective : croire que l'identité, en particulier celle d'un enfant, est figée, qu'elle est une donnée avec laquelle il faut composer avant tout et au-dessus de tout, à laquelle l'institution doit s'adapter. Le rôle de l'école n'est pas d'intégrer la diversité dans son discours mais d'amener tous les futurs citoyens, si divers soient-ils, à se retrouver autour de savoirs à la fois émancipateurs et unificateurs, permettant à tout homme de se situer dans la généalogie humaine, dans la succession des êtres et des idées, et de cette connaissance humaine parce que héritée d'autres hommes. Aussi est-il impératif pour cela de ne pas les enfermer par avance dans leurs déterminations, c'est-à-dire leur identité d'origine, transmise par leur famille, ou encore leur identité de « jeune ». Car c'est bien une nouveauté de nos sociétés occidentales que la jeunesse soit aujourd'hui considérée comme une appartenance identitaire, quand elle n'a jamais été, dans toutes les civilisations, qu'un moment de la vie, un passage vers l'âge adulte. Pourquoi cette fiction ? Croisement entre le capitalisme de masse à la recherche de nouveaux marchés, et une génération née du *baby boom* et du traumatisme de la guerre, ne reconnaissant pas à ses pères la légitimité pour la guider ? Toujours est-il que, appliquée à la génération suivante avec la ferveur d'une idéologie conquérante, cette « libération » de la jeunesse par la consommation a tué la transmission culturelle, liquidé cet apanage de toutes les sociétés humaines.

En bref, les éternels rebelles de la génération conquérante ont inventé une « culture jeune », qu'il faudrait préserver au même titre que les cultures amérindiennes observées par Claude Levi-Strauss. Le jeune serait une espèce à protéger, une sorte d'emplumé aux mœurs particulières, tellement folkloriques... et tellement lucratives. En assimilant la jeunesse à une classe sociale, ou tout au moins à un groupe fixe, on développe la fiction d'une entité détachée du corps social, et qui aurait pour vocation de perdurer. On crée surtout un marché formidable auquel il faut fournir le moyen d'exprimer sa « différence ». Des « jeunes » qui servent de miroir à la génération précédente, laquelle, en fixant les règles du jeu, en décernant les médailles du jeunisme, contemple sa propre éternelle jeunesse à travers les caricatures qu'elle a créées. Et qu'elle enferme dans un ghetto sous prétexte de « respecter leurs valeurs ». Or, comme le dit le proverbe, la jeunesse est une maladie dont chaque jour nous guérit. Si l'on supprime le médicament, il y a peu de chances de guérison. Le médicament, ce sont les connaissances, les valeurs, les récits, les événements médiatisés par la relecture qu'en fait chaque époque, c'est – ou c'était – le contenu de la culture scolaire. Mais à partir du moment où l'on considère que tout cela n'a aucun intérêt, comparé à la richesse spontanée de cette jeunesse pleine de vie et de pulsions consommatrices, il n'y a strictement aucune raison de continuer à transmettre quoi que ce soit.

Autrefois, la question ne se posait pas : on vivait dans un monde commun. L'Église, la famille, l'État et toutes les autres formes d'institution se chargeaient de fournir les clefs qui permettaient de lire le monde, de se sentir appartenir à un groupe, à une communauté, et, à travers elle, à l'humanité tout entière. Combien de jeunes, dans les années 50, n'ont-ils pas formé leurs goûts et leur personnalité dans une cellule des jeunesses communistes, ou des jeunesses ouvrières chrétiennes ? L'encadrement, quel qu'il fût, était une aide formidable, autant parfois qu'un poids quand les différentes institutions ne s'équilibraient pas pour laisser le choix des multiples représentations du monde. Ivan Illich, grand ennemi des institutions, et penseur d'une déscolarisation de la société, prédisait que la disparition progressive des différents lieux d'apprentissage, et la mise en place d'un monopole de l'éducation par l'école, seraient catastrophiques, dans la mesure où elles aboutiraient à un appauvrissement et une marginalisation de ceux qui ne réussissent pas dans ce système scolaire. Le diagnostic a ceci de juste que la désinstitutionnalisation des sociétés occidentales a mué l'école en seul vecteur de transmission, sur lequel pèse une responsabilité conduisant inéluctablement aux crises récurrentes que nous lui connaissons. Demander à l'école d'assurer la socialisation, d'enseigner les règles de civilité autrefois transmises dans les familles, de former à la sécurité routière, à l'hygiène, à l'écologie, et même aujourd'hui de « donner du sens », grande obsession des contempteurs du désenchantement du monde, c'est bien entendu aller dans le mur. Demander à l'école de remplacer les autres facteurs de lien social, alors même qu'on lui interdit, à elle aussi, de jouer son rôle de ciment national et qu'on en exige une efficacité pratique, c'est évidemment se condamner à l'échec. C'est en tout cas interdire à l'institution scolaire de remplir son rôle premier : celui de transmettre un savoir permettant aux jeunes de comprendre le monde qui les entoure, d'être conscients du fait qu'ils le regardent d'un certain point de vue, ancrés dans une civilisation et une époque données, afin de n'être pas prisonniers de leur identité, de leurs déterminismes. Le moins que l'on puisse dire est que l'on en est loin. N'ayant pas la connaissance de ce qui les a précédés, la plupart des jeunes prennent les données de leur époque pour des évidences, et manquent du moindre recul à l'égard des valeurs qui sont les leurs. Ce constat avait présidé à la réflexion sur l'introduction d'un enseignement du fait religieux à l'école. Débat piégé, puisqu'il a souvent abouti à confondre la proposition du rapport de Régis Debray (mars 2002) de renforcer le savoir des enseignants en la matière en prescrivant des cours dans les Instituts universitaires de formation des maîtres avec l'introduction pure et simple d'une nouvelle discipline. « C'est la menace de plus en plus sensible d'une déshérence collective, écrivait le philosophe, d'une rupture des chaînons de la mémoire nationale et européenne où le maillon manquant de l'information religieuse rend strictement incompréhensibles, voire sans intérêt, les tympans de Chartres, la *Crucifixion* du Tintoret, le *Don Juan* de Mozart, le *Booz endormi* de Victor Hugo, et la *Semaine Sainte* d'Aragon. C'est l'aplatissement, l'affadissement du quotidien environnant dès lors que la Trinité n'est plus qu'une station de métro, les jours fériés, les vacances de Pentecôte et l'année sabbatique, un hasard du calendrier. C'est l'angoisse d'un démembrement communautaire des solidarités civiques, auquel ne contribue pas peu l'ignorance où nous sommes du passé et des croyances de l'autre, grosse de clichés et de préjugés. » Curieux paradoxe : c'est souvent au nom de l'ouverture à l'autre, de la tolérance, qu'on a interdit à l'école de véhiculer un patrimoine qui est au contraire une introduction aux valeurs universelles. Mais le débat suscité par le rapport Debray, une fois dépassées les crispations excessives, portait sur un point essentiel. La focalisation sur le fait religieux, sans doute largement tributaire de la mode, a tout simplement occulté le fait que l'inculture dramatique des jeunes générations porte sur l'ensemble des connaissances culturelles de base. Autant que la Bible, l'*Iliade* et l'*Odyssée*, l'histoire des Atrides ou *Les Métamorphoses* d'Ovide sont devenus des objets littéraires non identifiés. Et quel élève sait encore qu'Alexandre le Grand avait pour modèle l'Achille décrit par Homère, que Napoléon avait pour référence la vie d'Alexandre par Plutarque ? L'histoire des hommes ne se comprend pas sans une plongée dans leurs rêves, leurs lectures d'enfance, les récits qui les ont bercés. Le philosophe Henri Pena-Ruiz avait été en 2002 l'un des rares à faire entendre une voix dissonante, militant pour des cours sur les principes laïques et républicains – du chinois pour la plupart des jeunes professeurs – et pour le retour dans les programmes scolaires de ces œuvres qui ont façonné les représentations et l'univers mental des Européens depuis des siècles. On ne peut pas dire qu'il fut entendu.

Résultat : les jeunes qui sont aujourd'hui les produits de ce système sont parfaitement incapables de se situer, de se penser dans la succession des générations. Ils sont à la fois les premiers et les derniers. Avant eux, le néant. Après eux, le déluge. Bien sûr, il ne faut pas le dire. Ou alors pour conspuer ces vieux qui s'accrochent à leur nostalgie et refusent les références modernes. On peut ainsi entendre le leitmotiv sur les « autres compétences », ou sur la concurrence que ferait la télévision comme source de savoir et de connaissance. Qu'importe alors que l'on confonde allègrement savoir et information, et que l'on oublie que pour servir à quelque chose, pour être seulement mémorisée, une information doit être traitée, analysée. Ce dont sont incapables des jeunes qui n'ont jamais été habitués aux exercices de l'esprit, au maniement des idées. Constat insupportable, donc informulable. Mais comme on ne peut tout de même pas nier les évidences, le discours officiel se focalise sur les difficultés de l'école à remplir son rôle de formation, en évitant soigneusement d'aborder la question du patrimoine culturel, pourtant indéfectiblement liée. On ajoutera même, pour la bonne bouche, que Platon ou saint Thomas d'Aquin seraient sans doute incapables de passer le bac actuel. Certes, les exercices de physique sur la circulation du courant électrique leur poseraient problème. Mais l'Homme a-t-il changé, du fait de l'électricité, ou aujourd'hui d'Internet ? On n'est pas à un jésuitisme près. L'essentiel est de maintenir la fiction d'une jeunesse ouverte et cultivée, même si elle éprouve quelques difficultés de lecture et d'orthographe.

Le nouvel étendard, le mot magique apportant du baume au cœur des masses inquiètes a donc envahi les débats sur l'école et les colonnes de *Libération*, c'est le « socle commun ». « Socle » signifie que, désormais, on privilégie le sérieux, le « fondamental » (autre mot à la mode). Certes, le socle en question n'est jamais défini, et les enseignements dits fondamentaux comprennent les nouvelles technologies, mises sur le même plan que l'apprentissage de la lecture et du calcul. Que voilà bien un terme rassurant. Quant à l'adjectif « commun », il appartient à cette catégorie de mots pris en otage par l'époque, et d'autant plus vidés de leur sens qu'ils sont répétés, affichés, transformés à satiété en slogan publicitaire. Après « citoyen », fait adjectif pour l'occasion, voici donc « commun ». À l'heure où l'on chante les « communautés » comme l'horizon indépassable de l'être humain (en ne prenant plus en considération, au nom d'une conception dévoyée de l'identité, que les communautés de naissance, imposées, au détriment des communautés choisies), l'adjectif « commun » se pare de nouveaux atours. Le « socle commun » est en fait le dernier avatar du concept de « culture commune » défendu par certains penseurs de l'école pressés d'en finir avec la vieille culture scolaire. Au premier abord, et quand on lit François Dubet dans les pages Rebond de *Libération*[1], rien que de très noble et recommandable. Il s'agirait de donner à tous les élèves ces bases dont ils auront besoin dans leur existence, ces connaissances fondamentales,

1. le 18 octobre 2004.

auxquelles tout le monde a droit. Il s'agirait surtout de le faire en ne posant pas le problème de la justice scolaire seulement du point de vue des « vainqueurs », mais aussi de celui des « vaincus ». Émouvant plaidoyer pour l'égalité, la démocratisation de la culture et le développement de la citoyenneté. Mais à y regarder de plus près, le tableau n'est peut-être pas aussi idyllique. D'abord parce que François Dubet, et le rapport Thélot qui s'inspire de sa pensée, n'explicitent jamais le contenu de cette « culture commune » que chaque élève doit maîtriser avant de quitter le système scolaire. Pour la bonne et simple raison qu'il ne s'agit absolument pas de ce patrimoine intellectuel, artistique, historique et scientifique qui paraissait à Condorcet le moyen d'en finir avec l'obscurantisme et l'asservissement. Le but n'est pas de former des Hommes, ceux à qui s'adresse Montaigne, ceux qui voudraient avec Victor Hugo « voir par-dessus le mur ». Soyons gagne-petit : la culture commune, c'est ce qui permettra à chacun de trouver un emploi, d'apporter sa pierre au merveilleux édifice de la machine économique, de participer à la grande chaîne solidaire des consommateurs-producteurs. « C'est là le véritable sens d'une culture commune, celui d'une exigence de justice consistant à garantir aux plus faibles des élèves ce à quoi ils ont droit pour mener une vie personnelle, civique, sociale, acceptable. » Exprimé de la sorte, l'objectif est moins glorieux. Car François Dubet a le mérite de la franchise : il oppose explicitement dans cette tribune ce concept vague de « culture commune » et ce qu'il appelle avec un mépris patent « la grande culture », sans là non plus expliquer ce qu'il y met. Visiblement, François Dubet ne voit pas du tout l'intérêt pour un homme du XXIe siècle d'avoir accès aux grandes œuvres qui ont nourri sa civilisation. Il vaut donc mieux assortir tout cela de professions de foi pour l'égalité des chances et d'imprécations contre les infâmes élitistes qui prônent la transmission des connaissances sans se soucier des plus faibles ; c'est plus chic.

Mais faute d'une analyse réelle du rôle de l'école dans la perpétuation du patrimoine intellectuel et culturel, on se condamne en effet à une conception purement utilitaire de l'apprentissage et de la connaissance. C'est bien là l'inspiration du rapport Thélot, à l'origine de la loi d'orientation sur l'école. Le « socle commun », qui reprend le concept d'un « Smic culturel » pour les jeunes, n'a du Smic que le « minimum ». Selon le sociologue, il conviendrait donc de ne plus orienter l'école au seul profit des meilleurs, par le biais de cette « grande culture » honnie et de cette recherche d'excellence pour tous soi-disant tellement inégalitaire, et de ne plus définir les connaissances à acquérir selon des critères trop exigeants qui condamnent à l'échec et à l'humiliation ceux qui n'atteignent pas l'objectif fixé. Au contraire, François Dubet propose de définir une sorte de minimum requis, un kit de survie pour la société moderne. De très mauvaises langues appelleraient cela du nivellement par le bas. C'est en tout cas l'idée selon laquelle l'école aurait pour but d'adapter ses exigences aux possibilités des plus faibles, et à cette fin de renoncer à tout un pan de sa mission. Confusion majeure, entre égalité des chances et égalité des résultats, dont les conséquences sur les jeunes générations, et sur l'ensemble de la société, sont gravissimes.

Car le Smic culturel proposé aux jeunes, c'est l'aumône de quelques notions vagues, tributaires de l'air du temps, et l'illusion que cette formation au rabais suffira à construire une communauté nationale. On y ajoute, pour faire bonne mesure et pour calmer les angoisses des parents, les « règles de civilité » et l'initiation à la citoyenneté : un dressage en forme de catéchisme moderne pour contenir la violence de ces nouveaux déracinés. Pas besoin, donc, des vieux savoirs. Ils ne servent plus à rien dans les sociétés modernes. Pour preuve, un inspecteur de l'Éducation nationale, dans l'académie de Versailles, s'est d'ailleurs insurgé dans un rapport daté du 10 octobre 2003 contre un professeur d'histoire qui avait osé expliquer à ses élèves que son enseignement avait pour but de « donner la mémoire collective aux élèves et le sentiment d'appartenir à une collectivité, les Français, les Occidentaux ». Unir tous les élèves, d'où qu'ils viennent, dans une même compréhension de l'histoire du pays dont ils possèdent la nationalité, quelle horreur ! Et pourquoi pas leur parler de « nos ancêtres les Gaulois » ? Celui qui oserait serait aussitôt renvoyé à ces images de Tintin enseignant aux petits Congolais : les pires heures du colonialisme européen. Pour être certain d'éviter ce travers, on veut exclure l'histoire de la liste des enseignements fondamentaux, on n'enseigne la littérature que pour autant qu'elle puisse illustrer les catégories jugées utiles : la persuasion, le blâme, la louange, l'argumentation, et tout ce qui servira à rédiger une lettre de motivation ou un CV. C'est d'ailleurs ce qui, au lendemain de la publication du rapport Thélot, a présidé à la démission de Régis Debray du très jeune Institut européen en science des religions. Constatant que l'étude du fait religieux avait disparu corps et biens des objectifs de l'école du futur, le philosophe déclarait dans *La Croix*, le 4 novembre 2004, que « la pertinence et l'intérêt d'un enseignement critique des cultures religieuses en tant que faits de civilisation ne font même pas l'objet d'une allusion. Ils n'ont évidemment pas leur place dans une vision du monde qui fait du sujet humain un animal essentiellement économique, amputé de ses dimensions symboliques. La langue française réduite au statut d'instrument de communication, et le rabattement des langues étrangères sur le seul anglais s'inscrivent en revanche fort bien dans cet utilitarisme à courte vue ». On peut certes opposer à l'auteur du *Feu sacré* que c'est, non le seul fait religieux, mais l'ensemble du patrimoine classique que le rapport Thélot envoie aux oubliettes. Sa colère est pourtant légitime.

La culture commune, aujourd'hui, c'est donc le Loft, la Star Académy, et dans les bons jours, le film du dimanche soir. Les Français ne partagent plus les images d'Épinal du vase de Soissons ou du baptême de Clovis, de Robespierre à la Convention ou de Napoléon à Austerlitz, mais les déboires de Loana dans sa piscine. Ce qui fédère la population est une tolérance mâtinée d'indifférence et nourrie de la profession de foi de l'époque : « c'est mon choix ». Pour le dire autrement, l'absence totale de culture – au sens le plus classique et le plus ringardement élitiste du terme – d'une part croissante d'une classe d'âge conduit à une forme généralisée d'acceptation du fait qui laisse présager une très faible réactivité face à toute forme de danger qui n'a pas fait l'objet d'un conditionnement officiel. S'insurger contre le fascisme identifié, clairement désigné comme le mal, ne pose aucun problème. S'opposer à tous les asservissements que peut produire la modernité deviendra en revanche l'apanage de quelques esprits miraculeusement maintenus en veille.

Mais il y a plus grave : les héritiers eux-mêmes ne le sont plus. Les bourdieusiens peuvent abandonner leur combat contre la reproduction sociale : ils ne l'ont que trop gagné. Mais pas dans le sens, malheureusement, d'une démocratisation du capital culturel. Car, alors que les classes dominantes préservaient traditionnellement ce patrimoine culturel, souvent pour elles signe de reconnaissance sociale, les voici peut-être victimes de la plus violente rupture générationnelle. Le passage entre le XVIe siècle et le XXIe siècle, de Médicis à Messier, de classes dirigeantes amoureuses des arts et de l'histoire, férues des sagesses antiques, à des incultes mondialisés et satisfaits a quelque chose d'inquiétant pour la civilisation dans son ensemble. Car la trahison des élites et l'abandon de leur devoir social ont toujours correspondu, dans l'histoire de l'humanité, avec l'effondrement de cette civilisation. De la chute de l'Empire romain à celle de la République de Venise, quelques générations ont suffi pour précipiter la fin. Quand les classes dirigeantes ont cessé de transmettre à leurs enfants les valeurs et les savoirs qui s'imposaient à leur rang et constituaient un devoir envers la société, et la condition de leur pouvoir, les mille ans de splendeur de la Cité des Doges se sont évanouis en l'espace de cinquante ans. Est-ce à dire qu'il est moins grave que les classes défavorisées soient acculturées ? Non, bien sûr. D'autant que cette acculturation touche, comme nous l'avons vu, l'ensemble des modes de socialisation, par le travail, la famille ou les croyances. Mais les élites ont tôt fait de minimiser le phénomène : tant que la machine tourne, tant qu'il est possible de contenir l'explosion et de maintenir l'illusion d'une société unifiée, alors le déficit culturel ne se manifeste que par l'appropriation du patrimoine au profit d'une petite part de la population. Rien que de très classique. En clair, du moment que quelques travailleurs sociaux ou quelques enseignants s'occupent de contenir les banlieues, ces nouvelles classes dangereuses, les classes dirigeantes dorment sur leurs deux oreilles. Et s'émeuvent de temps en temps du témoignage un peu plus virulent d'un professeur lors de la rentrée littéraire de septembre. La focalisation sur les Zones d'éducation prioritaire est donc un formidable leurre grâce auquel on peut prolonger le mythe d'une jeunesse « de plus en plus cultivée » et « qui pourrait en remontrer aux adultes sur de nombreux sujets », comme on l'entend parfois de la bouche de spécialistes des sciences de l'éducation. Il est vrai que des gamins savent souvent mieux se servir d'une souris d'ordinateur que (« de ») leurs grands-parents. Quel exploit ! C'est ce qui permet aux adversaires de la culture scolaire de célébrer sa mort, le maître ayant du même coup « autant à apprendre de l'élève que l'élève du maître ».

Pas grave ? On peut vivre sans culture ? À titre individuel, sans aucun doute. Même si cela constitue un manque dont les tentatives pour le combler seront pudiquement appelées par les sociologues actuels « quête de sens ». À l'échelle d'une société, certainement pas car la cohésion sociale n'est possible que lorsqu'il y a conscience d'un destin commun. Et l'envie de prolonger cette histoire passée par des projets futurs. Mais si les élites font sécession, et ne se sentent plus de devoir vis-à-vis d'une masse avec laquelle elles ne partagent plus rien, si les classes moyennes ont pour seul avenir de rejoindre les classes défavorisées dans la précarité, et les unes et les autres de baigner dans la contemplation de la téléréalité et le temps de cerveau humain disponible, alors le lien social risque fort de s'effilocher. Bien sûr, on a tellement en commun avec le « chateur » rencontré sur Internet qu'il n'est pas nécessaire d'avoir à partager quoi que ce soit avec son voisin. C'est pourtant ce voisin qui rend l'existence un tant soit peu vivable. Et c'est le patrimoine culturel et les références symboliques que l'on sait intuitivement avoir en commun avec lui qui font que l'on peut parler, échanger, faire société, faire humanité. Descartes, lui, l'avait déjà compris au XVIIe siècle.

4.

De la décérébration érigée en méthode pédagogique

« Et pourtant ils lisent ! » clamait en 1999 Christian Baudelot, un des hérauts du « niveau qui monte » et des jeunes « plus cultivés puisqu'ils ont accès à Internet ». Ils ne lisent pas de livre, hormis ceux prescrits par leurs enseignants (quand il ne s'agit pas d'extraits photocopiés), ni quoi que ce soit qui ait une vocation autre qu'utilitaire [1]. Ils ne savent pas écrire sans fautes d'orthographe ou de grammaire, ils ne savent pas situer Alexandre le Grand ou Jeanne d'Arc, encore moins Montesquieu, et ne comprennent pas un texte en français courant pour peu qu'il soit antérieur au XIXe siècle, mais tout va bien : seuls 15 à 20 % des élèves entrent en sixième sans savoir lire du tout, c'est-à-dire en butant sur chaque mot et en ne comprenant pas un texte base. Ce qui signifie que tous

1. Le phénomène, déjà dénoncé par Marcel Gauchet dans *La Démocratie contre elle-même* (Gallimard, 2002 ; « Le niveau monte, le livre baisse »), a fait l'objet d'un récent rapport de Sophie Barluet : *Éditions de sciences humaines et sociales, le cœur en danger* (PUF, 2004).

les autres, que l'on imagine bien sûr peuplant les établissements de centre ville, s'en sortent somme toute correctement, puisqu'ils ne sont pas totalement illettrés. Pas d'inquiétude. C'est d'ailleurs ce que proclament les journaux des lendemains qui chantent : « La droite a agi avec l'éducation comme avec l'insécurité, expliquait dans *Libération* le 18 novembre 2004 un Emmanuel Davidenkoff toujours persuadé que Satan habite exclusivement un camp politique. Martelant que le système partait à la dérive, que l'illettrisme gagnait du terrain, que la violence explosait, elle a convaincu une partie de l'opinion que ce qui est tragiquement vrai pour une minorité (d'établissements et d'élèves) vaut pour l'ensemble. » Rassurez-vous, parents, vos chers petits ne sont pas concernés. Il y aurait une différence de nature, et non de degré, entre l'illettrisme des pauvres et les lacunes culturelles des riches. Il suffit de rappeler régulièrement que l'école se doit d'être « juste », et donc de limiter ses programmes à ce que tous les élèves dans leur ensemble pourront assimiler, pour se rassurer sur son appartenance au camp du Bien. Au lieu de tirer tous les élèves vers les connaissances que transmet l'école, on la limite au plus petit dénominateur commun : ce que l'on baptise désormais le « socle commun des indispensables », dixit le rapport Thélot, et sa déclinaison dans la loi d'orientation. Concept bien problématique que celui d'indispensable. Édouard Herriot avait coutume de dire que la culture,

« c'est ce qui reste quand on a tout oublié ». Une bonne définition de l'indispensable, mais qui n'a plus cours dans l'école contemporaine, c'est le moins que l'on puisse dire : on ne saurait oublier ce que l'on n'a jamais appris. Le critique littéraire Saint-Marc Girardin en offrait d'ailleurs une variante plus significative encore : « Je ne demande pas à un honnête homme de savoir le latin, il me suffit qu'il l'ait oublié. » Au-delà de la boutade, cette phrase exprime avec une acuité parfaite l'intérêt de l'inutile, l'apport de ces enseignements classiques qui auront servi, même si leur contenu s'efface, à former l'esprit, lui inculquer une façon particulière d'aborder les problèmes. Pourquoi donc a-t-on fait en sorte que l'école soit aujourd'hui à l'opposé exact de cette conception qui pourtant a fondé l'enseignement à la française, autrefois considéré comme un modèle ?

Les causes en sont multiples ; elles ont été maintes fois analysées. Et les débats suscités par la nouvelle loi d'orientation sur l'école en sont le reflet, malheureusement pâle et déformé. De quel ordre sont ces débats ? Une fois de plus, on s'enferme dans un pseudo-clivage gauche-droite, auquel on superpose artificiellement un tout aussi réducteur clivage traditionalistes-modernistes. D'un côté, le sempiternel discours sur le manque de moyens ; 23 % du budget de l'État, cela ressemble pourtant fort à un tonneau des Danaïdes (mais les syndicats enseignants majoritaires connaissent-ils encore cette référence ?). De l'autre, l'invocation incantatoire de l'autorité des maîtres et des « bonnes vieilles méthodes », sans la moindre réflexion sur les conditions de cette autorité et le contenu du savoir à transmettre. Par-delà ce partage des rôles, aussi arbitraire et codifié que celui d'un spectacle de Guignol, la stratégie d'évitement systématique des questions qui fâchent fonctionne à plein. Et peut donc se maintenir, au gré des alternances factices, une conception purement utilitariste de l'école, dont la conséquence ultime est de la rendre paradoxalement tout à fait inutile.

La question cruciale, celle à laquelle on ne répond jamais, et qui n'est même jamais posée, est pourtant la plus simple : à quoi sert l'école ? Quelle est sa mission ? Les sociétés occidentales, et la France plus que toute autre, ont conçu peu à peu l'institution scolaire comme un moyen d'émancipation vis-à-vis des autres vecteurs de transmission que sont la famille, les Églises, l'entourage professionnel ou associatif. Jusqu'à tenter aujourd'hui de les nier, ou en tout cas de pallier leur défection en prenant en charge non seulement tout ce qu'ils ne transmettent plus, mais encore tout ce que leur disparition entraîne de tensions et d'angoisses. La « civilité », la tolérance, le lien social, l'épanouissement personnel, le « sens »..., l'école-providence est là pour ça. Ce n'est pourtant pas exactement l'objet que Condorcet fixait à l'instruction dans les *Cinq mémoires sur l'instruction publique*, puisqu'il y est bien précisé que tout ce qui touche aux choix personnels transmis par la famille, notamment en matière religieuse, est d'ordre privé, et ne doit surtout pas occuper la puissance publique. L'instruction publique avait, dans l'idée de son plus grand concepteur, la vocation de pallier les inégalités de connaissances qui engendraient la dépendance vis-à-vis des détenteurs du savoir. De libérer, non de remplacer. Il n'était pas alors question de culture commune, pour la bonne et simple raison que la culture commune allait de soi. On vivait dans un univers commun, modelé par les mêmes croyances, et par l'évidence d'une appartenance collective à une famille, à un groupe, à une civilisation, à l'humanité. Il n'était pas non plus question d'épanouissement, ou du moins de cet épanouissement personnel que nous érigeons à présent en idéal. L'individu était subordonné au collectif. C'est aujourd'hui l'inverse, comme si l'équilibre en la matière était impossible (rappelons simplement que c'est l'Italie fasciste, sous l'impulsion du philosophe Giovanni Gentile, ministre de l'Instruction publique de Mussolini, qui, la première, a instauré un programme scolaire « d'Éducation nationale » impliquant une prise en charge globale de l'individu). Cela paraît d'autant plus dommageable que la République française, dans son essence même, repose sur ce pilier qu'est l'école publique. La conception française de la démocratie – Condorcet le démontre avec clarté –

suppose un peuple éclairé, seul à pouvoir se défendre contre la démagogie et la tyrannie[1]. Et plus encore parce que le peuple français n'a d'existence que politique, et ne reflète donc que le désir d'un certain nombre d'individus de vivre ensemble et de se construire un destin commun au nom de valeurs et de références symboliques partagées. Robespierre disait : « Être Français, c'est être citoyen de la République française. » Pas de critère ethnique, religieux ou autre. Seuls, donc, ce patrimoine et ces idées que chacun s'approprie par l'école, et qui affranchissent des préjugés en même temps qu'ils suscitent un sentiment d'appartenance commune. Les valeurs de la République ne sont pas inscrites dans un texte juridique, comme l'*Habeas Corpus* anglais, elles sont portées par un peuple instruit, par un peuple qui s'est nourri de Voltaire ou de Descartes, de Victor Hugo ou de Platon, des sciences ou des humanités. Car « l'attachement aux droits de l'homme et aux principes de la souveraineté nationale » tel qu'il est affirmé dans le préambule de la Constitution de 1958 ne se comprend que dans la référence à la philosophie des Lumières qui en a fondé les concepts. La liberté, l'égalité et la fraternité proclamées par la France ne sont pas des notions juridiques mais philosophiques. Et, pour cette raison, notre pays a sans doute plus à perdre que ses voisins dans cette rupture culturelle. Car l'école

1. Condorcet, *Cinq Mémoires sur l'instruction publique*, « Premier mémoire : Nature et objet de l'instruction publique », GF-Flammarion, 1994.

française n'a pas pour but de former des citoyens, elle en forme parce qu'elle a fabriqué des hommes libres qui se reconnaissent des valeurs communes. Tout du moins dans le projet de Condorcet, qui n'a été que très partiellement réalisé par la République.

Or l'école n'a plus pour objet de transmettre les savoirs vérifiés, dont la maîtrise éclaire la conscience, et apporte les instruments de la liberté. Conclusion : nous produisons à la pelle, et par des techniques toujours plus efficaces, des esprits enchaînés – sous couvert, bien sûr, d'éducation à la citoyenneté, d'esprit critique, et de valorisation du moi unique et rebelle. En décembre 1999, un sondage réalisé par l'IFOP pour le ministère de la Jeunesse et des Sports révélait que 45 % des jeunes de 16 à 25 ans considéraient l'astrologie comme une science (ils étaient également 60 % à estimer que gagner de l'argent est un but dans la vie, et 94 % à penser que « savoir faire la fête » est important). Il est vrai que Mme Élisabeth Tessier a pu soutenir une thèse en Sorbonne sur le sujet : on ne peut tenir rigueur à ces jeunes de penser avec leur époque. En d'autres temps, on aurait appelé cela de l'obscurantisme. Nous dirons à présent que chacun est libre de penser ce qu'il veut. Certes. Mais, tout de même, après plus de dix ans passés dans le système scolaire français, de plus en plus de jeunes ne font pas la différence entre la « création » et l'« apparition » de l'homme, et considèrent parfois Adam et Ève comme des personnages historiques. Caricature ? Les témoignages des enseignants sont alarmants. Et les plus optimistes ne peuvent retenir un certain effarement devant la crédulité de leurs élèves. Absence de recul, difficultés à construire un raisonnement, ces jeunes gens semblent de plus en plus à la merci du premier bonimenteur venu. Plutôt paradoxal, dans une école qui n'a de cesse de fustiger l'endoctrinement d'autrefois, les cours de morale et le nationalisme, l'ethnocentrisme et le colonialisme. Une école qui refuse les exercices stupides et répétitifs, au nom de l'intelligence, de la capacité d'induction. Une école qui veut former les cadres de la future société communicante.

Comment l'institution phare de la République, sur laquelle reposent la cohésion nationale et la réussite individuelle – puisqu'elle est le principal moteur de toute ascension sociale –, a-t-elle pu tomber si bas ? La faute aux « nouveaux publics », répliquent les Ponce Pilate de service. Entendez ces jeunes de milieu défavorisé qui accèdent à l'enseignement secondaire depuis la réforme Haby de 1976 instaurant le collège unique. C'est bien connu, les pauvres ne savent pas se tenir. Les mêmes, d'ailleurs, qui affirment que l'immigration est un phénomène très limité en France ont tendance à expliquer tous les maux de l'école par le fait que certains enfants, qui seraient apparemment pléthore, « ne parlent pas français à la maison ». Allez comprendre. Toujours est-il qu'à chaque étape du système scolaire les lacunes et les failles se conjuguent pour fabriquer des barbares scolarisés (voire de futurs « sauvageons » ?). Le plus grave, ce ne sont pas tant les malheureux 150 000 jeunes qui sortent chaque année du système sans la moindre qualification – et qui, soit dit en passant, sont encore enfoncés plus bas que terre par l'objectif de distribution magnanime du bac à 80 % d'une classe d'âge – mais que les autres, qui ont acquis les précieux diplômes, ne détiennent en fait qu'un papier démonétisé.

La France a découvert il y a peu l'illettrisme. Pour la première fois en 1998 un rapport officiel remis au ministre de l'Enseignement scolaire Ségolène Royal reconnaissait que 25 % d'élèves, au bas mot, entrent en sixième avec de graves retards dans les apprentissages[1]. Curieuse conséquence, on affirma que le collège, où les problèmes étaient les plus flagrants, constituait donc le maillon faible du système scolaire. Impossible, surtout, d'imputer à l'école primaire la responsabilité de la catastrophe : l'excuse des « nouveaux publics » avait peu de chance de prendre puisqu'en l'occurrence, l'enseignement primaire est « massifié » en France depuis Jules Ferry. Et les petits Bretons, en 1910, ne parlaient pas forcément français à la maison. Les chiffres sont désormais connus : quand on fait repasser le certificat d'études de 1925 à des enfants d'aujourd'hui, ils font deux fois et demie plus de fautes d'orthographe et sont

1. Rapport de M. Jean Ferrier, inspecteur général de l'Éducation nationale, intitulé « Améliorer les performances de l'école primaire » : « On peut estimer à 25 % d'une classe d'âge, écrivait-il alors, la proportion des élèves en difficulté ou en grande difficulté à l'entrée au collège. »

moins bons en calcul. Mais ils sont meilleurs en rédaction, s'empressent d'ajouter les spécialistes de l'aveuglement forcené, ceux-là mêmes qui expliqueront que voilà finalement l'essentiel, puisque, ma foi, l'orthographe n'est qu'un ensemble de règles fort arbitraires dont un esprit rebelle doit savoir se détacher. On le sait désormais – excepté dans les rédactions de certains journaux ou dans quelques Instituts universitaires de formation des maîtres – les méthodes d'apprentissage de la lecture, en particulier les méthodes dites « mixtes », « naturelles » ou « semi-globales », sont largement responsables de ce qu'il convient aujourd'hui d'appeler une catastrophe nationale. Après des années durant lesquelles Liliane Lurçat, grande spécialiste des mécanismes d'apprentissage de la lecture chez l'enfant, prêchait dans le désert, le mouvement semble s'inverser sur ce point, en particulier depuis la parution du livre de Marc Le Bris, *Et vos enfants ne sauront pas lire... ni compter*[1], et sa mise en avant, certes très politique, par l'entourage du ministre de l'Éducation nationale. On a fabriqué artificiellement, par des méthodes inadaptées, des générations de dyslexiques, que les instituteurs rebaptisés « professeurs de écoles » enverront enrichir les orthophonistes pour éviter d'admettre qu'ils sont responsables du massacre[2].

Ne faut-il pas relativiser un peu ? Mme Weinland, doyenne des inspecteurs de let-

1. Paris, Stock, 2004.

2. Dans *Lettre ouverte aux futurs illettrés* (éd. Albin Michel, 1977), Paul Guth, pourtant pessimiste, était encore loin du compte.

tres, proclamait il y a peu que « 15 % d'élèves arrivent en sixième sans savoir lire, mais ce n'est pas grave, puisqu'ils ont toute leur scolarité pour apprendre ». La brillante analyste oublie seulement que le cerveau humain, qui n'a pas mis en place certains mécanismes dans les premières années, a peu de chance de pouvoir rattraper ce retard par la suite, et qu'un enfant qui n'a pas appris à lire en cours préparatoire n'y parvient généralement pas durant le reste de sa scolarité, quels que soient les dispositifs de « remédiation » inventés pour compenser la défaillance initiale du système. Mais, surtout, les méthodes d'apprentissage de la lecture, comme les exercices répétitifs ou le par cœur, qui font naître chez l'enfant des réflexes quant à l'orthographe ou la grammaire, forment ainsi le cerveau à un certain type de raisonnement logique. Pour le dire plus clairement, les règles de la grammaire française, la décomposition des mots dans la lecture syllabique, obligent à une analyse logique de l'objet, mot ou phrase, que l'on a en face de soi. C'est donc aussi, et peut-être surtout, cette capacité d'analyse que génèrent les exercices pratiqués à l'école primaire. Un enfant entraîné par la méthode globale ou semi-globale à deviner le mot par sa forme et le début de sa graphie, ainsi que par le contexte dans lequel il apparaît, est habitué, dès son plus jeune âge, à une sorte d'impressionnisme qui le condamne à ce manque de rigueur aujourd'hui flagrant chez nombre de lycéens ou d'étudiants. Employer un mot pour un autre, accumuler les fautes de grammaire, être incapable de distinguer les nuances entre les concepts, les notions ou les sentiments, et surtout, ne pas savoir bâtir un raisonnement, telles sont les conséquences, à terme, d'un enseignement primaire détourné de ses missions. Pire, un enseignant dans un lycée de centre ville a fait un test sur ses deux classes de seconde : sur soixante élèves, cinquante étaient incapables de distinguer, dans une phrase, la cause de la conséquence. Le cas est loin d'être isolé. À partir du moment où la grammaire n'est pas étudiée comme un système logique, les nuances de pensée qu'elle implique, concession, but, conséquence, ne sont plus comprises. C'est la raison même qui est atteinte.

Or, l'abandon de la grammaire de phrase, au profit de la grammaire de texte, est une des grandes innovations introduites à l'école au cours des dix dernières années, et gravées dans le marbre par les programmes pour le brevet des collèges, parus au Bulletin officiel en septembre 1999 : « Puisque les outils de la langue pour la lecture, l'écriture et la pratique orale, y lit-on, sont envisagés au niveau du discours, du texte et de la phrase, il n'est plus possible de s'en tenir, en grammaire, à des questions appelant une réflexion purement phrastique. » On notera le pudique « il n'est plus possible », qui signifie bien évidemment « il est interdit ». De quoi s'agit-il au juste ? D'un renversement des priorités et des démarches. Au lieu de partir du mot et de la construction de la phrase, pour découvrir le sens d'un texte, on part de ce texte, pris globalement, pour en rechercher l'organisation, la « situation d'émission », bref, pour induire l'idée que tout écrit relève d'une « situation de communication » dans laquelle il faut déceler les intentions cachées de l'émetteur : méfions-nous de Voltaire ou de Hugo. Ère du soupçon et de la boursouflure diafoiresque ; sous prétexte de « fabriquer des esprits critiques », l'enseignement du français incite les élèves à un détachement permanent et niveleur. Ainsi peut-on rencontrer des étudiants qui ne comprennent rien aux enjeux du Discours aux morts de Périclès, dans *La Guerre du Péloponnèse*, qui sont incapables de percevoir l'analyse extraordinaire que fait Thucydide du régime démocratique et de ses conséquences sur l'homme, mais qui jugent le discours « démagogique », au motif que Périclès ne dit pas tout du déroulement de la guerre. Et voilà un mode d'appréhension qui imprègne les manuels scolaires et détruit peu à peu le rapport même que les enfants ont à leur langue.

Les résultats de ces expérimentations douteuses ? Ils commencent à apparaître au grand jour, avec l'arrivée dans l'enseignement supérieur et la vie professionnelle des premières générations à avoir subi ce qui s'apparente le plus souvent à un lavage de cerveau. Rappelons simplement cette réflexion de Guy Debord dans les *Commentaires sur la Société du spectacle*[1] : « La dissolution de la

1. Guy Debord, *Commentaires sur la Société du spectacle*. L'ouvrage est d'ailleurs cité par Jean-Claude Michéa dans *L'Enseignement de l'ignorance*, éd. Climats, 1999.

logique est la perte de la possibilité de reconnaître instantanément ce qui est important et ce qui est mineur ou hors de la question ; ce qui est incompatible ou, inversement, pourrait bien être complémentaire ; tout ce qu'implique telle conséquence et ce que, du même coup, elle interdit. Un élève ainsi dressé se trouvera placé d'entrée de jeu au service de l'ordre établi, alors que son intention a pu être complètement contraire à ce résultat. Il saura pour l'essentiel le langage du spectacle, car c'est le seul qui lui est familier : celui dans lequel on lui a appris à parler. Il voudra sans doute se montrer ennemi de sa rhétorique, mais il emploiera sa syntaxe. » Une non-pensée, qui était jusqu'alors réservée, selon Guy Debord, aux « crétins et aux militants », devient le lot commun, le produit de dix années de scolarité obligatoire.

Attaquée en français, massacrée en calcul, la rigueur est foulée aux pieds. Et pourtant, on pourrait presque dire que le souci de cohérence et de logique est une exigence plus importante que le contenu des programmes. Mais dans l'enseignement des sciences, c'est avec une application quasi religieuse que les réformes successives ont organisé l'horreur pédagogique. Au point qu'un rapport rédigé à la demande de la fondation pour l'Innovation politique par quelques mathématiciens et scientifiques parmi les plus prestigieux s'alarmait en novembre 2004 de l'aberration en cours : « S'agissant du calcul, écrivaient ces éminents universitaires, nous constatons avec stupeur que d'après les programmes Joutard publiés en 2002, l'apprentissage des 4 opérations, qui débutait autrefois dès le CP, a été remplacé par une progression très lente proposant la seule addition au CP, avec une timide apparition de la soustraction en CE1, et une quasi-disparition de la division et de la multiplication sur les décimaux de tout l'enseignement primaire. [...] C'est sidérant pour nous dans la mesure où il nous paraît que les nombres et les opérations sur les nombres ne prennent sens que les uns par rapport aux autres. Par exemple, le nombre 342 est bien 3 fois 100 plus 4 fois 10 plus 2. Dans les programmes qui étaient en place jusque dans les années 60, l'addition, la soustraction et la multiplication étaient abordées dès le CP, et ces programmes de CP incluaient même la division par 2 et par 5. » L'échec scolaire ne tombe pas du ciel comme une plaie d'Égypte, il est pensé, programmé, puis mis en œuvre tel un rouleau compresseur.

Cette attaque systématique contre la logique n'est malheureusement qu'une première étape. Elle s'accompagne d'un développement à l'école primaire, puis au collège, de toutes sortes d'activités qui n'ont d'autre but que de distraire l'enfant, de « l'ouvrir sur le monde » dans ce « lieu de vie » qu'est l'école, c'est-à-dire de jouer le même rôle que la télévision plantée au milieu du salon : faire défiler des images dont on ne tire aucun sens. Le recentrage de l'école sur les « fondamentaux », le triptyque « lire-écrire-compter », est de ces vieilles lunes que les ministres de l'Éducation nationale brandissent avec ferveur, de Jack Lang à Luc Ferry, pour aussitôt cautionner l'inflation des activités qui, sous prétexte « d'enseigner autrement », n'enseignent plus rien du tout. Qu'une école primaire parisienne puisse recevoir, en une semaine, jusqu'à dix-sept intervenants extérieurs, venant expliquer aux élèves l'archéologie régionale ou la culture du bonzaï est en soi fort sympathique, mais entraîne une conséquence directe : de 1946 à 1969, les instructions officielles prévoyaient quinze heures hebdomadaires de français au cours préparatoire. Il n'y en a plus que neuf aujourd'hui, encore moins quand il faudra caser l'anglais et l'initiation à Internet. Soit entre 396 et 594 heures de français en moins sur les cinq années d'école élémentaire, c'est-à-dire entre une et deux années scolaires d'enseignement passées à la trappe. Aucun mystère aux difficultés des gamins d'aujourd'hui, rien de magique, mais un simple calcul mathématique que refusent de faire les idéologues de la rue de Grenelle.

Question bête : pourquoi une telle entreprise de démolition, pourquoi tant d'acharnement ? Pour faire du passé table rase. Ce passé honni à l'école plus encore qu'ailleurs, il faut en effacer toute trace dans l'esprit des jeunes. Au nom de considérations psychologiques sur les étapes du développement de l'enfant, les spécialistes de « l'école moderne » entreprennent de démonter pierre par pierre l'édifice du savoir tel qu'il se met en place chez l'élève. C'est là toute la pensée issue des Lumières qui est attaquée, une pensée qui considère qu'un être humain s'épanouit et s'ouvre sur le monde par l'accès au savoir et à la culture. L'enfant, dans la loi d'orientation de 1989 – telle que maintenue par celle de 2005 –, est « au centre du système scolaire ». Phrase demeurée célèbre. Et qui a la capacité quasi miraculeuse de désamorcer tout débat par son apparente évidence et sa clinquante générosité. S'il s'agit de dire qu'à l'école, on s'occupe d'enfants, et que c'est donc à eux qu'il faut consacrer les efforts pour améliorer le système, le propos est d'une affligeante banalité. Mais l'enjeu est bien supérieur. Voilà pourquoi éluder pudiquement la question, comme l'a fait François Fillon lors de l'élaboration de la nouvelle loi, revient à cautionner et à perpétuer la plus méthodique destruction de toute possibilité de transmission. Car, au-delà du truisme, l'enfant « au centre du système » est un enfant nombril du monde, un enfant que les adultes admiratifs contemplent en essayant surtout de ne pas altérer sa merveilleuse authenticité. Souvenons-nous du vieux rêve de *Libres enfants de Summerhill* : l'école sans murs, sans rapport maître-élève, sans apprentissage... L'enfant comme objet d'émerveillement et de culte, comme centre des admirations. Philippe Meirieu, grand gourou des sciences de l'éducation, qui hante depuis vingt ans les couloirs de la rue de Grenelle, et fut conseiller de Claude Allègre, est en France le plus fameux de ces Frankenstein de l'horreur scolaire. Il est l'un de ceux qui expliquaient dans les années 80 que les enfants de milieu défavorisé ne pouvaient apprendre à lire sur des textes classiques, trop éloignés de leur environnement intellectuel et culturel. Il suggérait les manuels d'utilisation d'appareils électroménagers. Or, Philippe Meirieu écrivait dans *Frankenstein pédagogue*[1], avec le lyrisme béat qui le caractérise, qu'il faut « saluer celui qui nous arrive, d'où qu'il vienne, comme un sauveur possible, une sorte de Noël au quotidien, le signe que tout peut encore advenir et le meilleur se réaliser enfin. [...] Qui n'est pas capable de s'émerveiller devant un nouveau-né condamne le monde à la reproduction et englue tout rapport éducatif dans un mimétisme mortifère ». Amen. Ce mimétisme abominable, c'est bien sûr celui qui voudrait que l'enfant sorte de ses préjugés et de ses certitudes, qu'il apprenne le raisonnement logique censé l'amener dans le monde des adultes. Il faut accepter « l'altérité » de l'enfant, et surtout, la laisser intacte.

De telles théories ont des conséquences incalculables sur la conception même du rôle de l'enseignant. Il n'est tout simplement plus là pour transmettre. Quand nombre de jeunes professeurs se plaignent que leurs formateurs veulent faire d'eux des « animateurs du groupe classe », ils traduisent le désarroi propre aux « archaïques » n'ayant pas encore compris qu'il leur fallait renoncer à tout ce qui les a conduits à choisir ce métier : l'envie de faire partager leur amour des savoirs qu'ils ont eux-mêmes reçus de leurs professeurs. Christian Janet, ancien président de la

1. Philippe Meirieu, *Frankenstein pédagogue*, ESF éditions, 1996.

PEEP, fédération de parents d'élèves classée à droite, ardent militant pour l'introduction de l'anglais et des « nouvelles technologies » à l'école primaire, expliquait d'ailleurs en novembre 2002 que Internet « permettrait de modifier les pratiques pédagogiques. L'enseignant ne sera plus face à l'élève, dans un rapport frontal, mais ils regarderont tous deux dans la même direction. C'est la pédagogie de la main sur l'épaule ». Beau comme une utopie totalitaire. En vocabulaire « éducation nationale », du dialecte SNES, cela se dit « rendre l'enfant acteur de sa formation », ou « construisant lui-même son savoir ». Il est, en effet, bien entendu que les savoirs portés par le professeur le rendent passif. Un élève qui lit une page de Racine, ou qui cherche à comprendre la démonstration mathématique que le professeur écrit au tableau est passif. Les vieilleries de la culture scolaire, paradoxe ultime, non seulement ne libèrent plus mais qui plus est uniformisent et détruisent le bel esprit critique. Il faut donc les achever à coup d'interdisciplinarité.

La haine de ces savoirs se traduit entre autres par la logorrhée de certains syndicats enseignants contre les « lobbies disciplinaires ». Entendez : ces professeurs qui cherchent à enseigner la discipline qu'ils aiment, pour laquelle ils ont été formés, et ont passé un concours extrêmement pointu, garant de l'excellence du système français, et de cette originalité qui consiste à donner à des élèves, d'où qu'ils viennent, des maîtres appartenant, dans leur domaine, à une élite. L'idée des pères fondateurs de l'école républicaine était que le respect des élèves pour leurs professeurs découlerait de cette excellence. Une idée qu'il serait peut-être urgent de remettre en vigueur, au lieu de s'acharner contre ce savoir honni, sous prétexte que ces insupportables premiers de la classe que sont les profs seraient forcément, et du fait même de leur excellence, de mauvais pédagogues. Car quiconque a mis les pieds dans une salle de classe durant les dix dernières années sait parfaitement que cette image du professeur dictant avec indifférence son cours à des élèves muets relève, au même titre que les dinosaures, d'une préhistoire lointaine et disparue. Mais les clichés ont la vie dure. Les puissants « lobbies disciplinaires », donc, sont ces petits profs isolés qui savent que la transmission a toujours un contenu, et qui croient encore que leur mission est d'en faire profiter des jeunes qui, sans l'école, n'y auraient pas accès. De quoi mériter le gibet.

Mais n'en restons pas au simple affrontement idéologique : il n'est qu'une façade dont l'intérêt principal est de maintenir le *statu quo* par l'évacuation des questions de fond. Que de bonnes âmes soient sincèrement persuadées que tout ce qui est vieux est inutile, que toute culture classique est élitiste – puisqu'ils décident que les enfants de pauvres ne sont pas capables de l'acquérir – est affligeant. Que ces bonnes âmes soient majoritaires dans les rectorats, les syndicats et les fédérations de parents, au point d'avoir imposé leurs vues dans la principale institution de la République, celle qui, plus que toute autre, est garante du devenir du corps politique et de l'égalité des citoyens, nous effraye. Mais le pire est à venir, car ces bonnes âmes, qui sévissent encore avec ferveur à tous les échelons de l'Éducation nationale, ont, avec application, préparé le terrain aux gestionnaires de tous bords, pour qui la nécessaire rationalisation du « mammouth » rime avec une suppression de tout ce qui n'est pas rentable immédiatement. Exemple le plus flagrant : le latin et le grec, part indispensable des humanités classiques qui ont constitué le cœur du projet éducatif hérité des Lumières. Il faut bien aujourd'hui le constater : la quasi-disparition des lettres classiques est une perte irréparable pour le système scolaire français. Certes, le latin et le grec sont éloignés des réalités, certes, ce sont des langues « mortes », ce qui signifie qu'elles ne servent pas à communiquer, et que leur connaissance n'apporte aucun dividende immédiat. Mais la structure de ces langues à déclinaisons, et le travail du thème et de la version, constituent une formation inestimable à la rigueur, à l'esprit de déduction, à la connaissance précise du français. Or, ces disciplines – avec tout ce qu'implique le double sens de ce mot – ont été peu à peu, depuis les années 70, mises au ban du collège et du lycée, et finalement confinées dans quelques établissements de centre ville. Au lieu de démocratiser un champ culturel que s'accaparaient les classes bourgeoises, on a voulu le supprimer, le réservant ainsi réellement à quelques *happy few* culturellement ultra-privilégiés. Mais comprenez : tout cela coûte cher. En 1999, le ministre Claude Allègre, que suivront ses deux successeurs, Jack Lang et Luc Ferry, a décidé de mettre un peu d'ordre. Pas de classe d'option à moins de quinze élèves, économie oblige. Les quelques classes de latin et de grec qui subsistaient encore pour une dizaine d'élèves motivés, dans des collèges ou lycées défavorisés, n'ont plus qu'à fermer. De l'alliance objective des idéologues et des gestionnaires.

Se dessinent ainsi les contours de la grande entreprise de décérébration dont le système scolaire est devenu le principal instrument. Au cœur même des programmes du secondaire, c'est une déconstruction méthodique de la logique et du sens, justifiable d'ailleurs par le fait que les programmes du primaire ont tenté d'annihiler chez les élèves toute capacité de logique. L'enfer étant pavé de bonnes intentions, tout cela a pour but de faire profiter les élèves des merveilleuses découvertes du structuralisme – certes un peu datées, mais dont les principaux spécialistes se trouvent participer aux commissions d'élaboration des programmes – quand bien même ces découvertes sont beaucoup trop complexes pour des élèves de cinquième ou de quatrième. Les six fonctions du langage établies par Jackobson, ou les subtilités d'appellation des groupes nominaux, peuvent intéresser des étudiants en lettres. Dans un manuel de quatrième, elles ne s'imposent pas. Pire, elles ont pour conséquence de rendre la grammaire française parfaitement incompréhensible. D'autant que cette boursouflure universitaire se fait au détriment du simple bon sens, et de l'efficacité du système scolaire, c'est-à-dire de sa capacité à laisser quelques traces dans l'esprit des jeunes. Mais plus encore, les savoirs ainsi enseignés sont détachés de tout objet, ils perdent leur cohérence, et c'est l'édifice de la culture humaniste et universaliste qui s'effondre. Première étape : mise à sac de la rationalité des enseignements et du contenu global de la culture scolaire. Deuxième étape : éradication de la chronologie et de la cohérence temporelle.

L'enseignement des lettres est, de ce point de vue, l'un des plus touchés. En bannissant l'histoire littéraire, les nouveaux programmes de français tendent à faire croire qu'une œuvre peut exister en dehors d'une continuité et d'un contexte historiques, en dehors de toute généalogie. Le romantisme ne répond plus aux Lumières, l'héroïsme cornélien ne reflète plus les derniers feux de l'aristocratie française bientôt écrasée par l'absolutisme. L'œuvre ne sert plus qu'à illustrer un genre, un objet qu'il va falloir faire entrer dans une case, autobiographie, roman, ou tragédie. Conséquence : les jeunes n'ont plus aucune idée de l'histoire des représentations. De même qu'ils peuvent placer Picasso au XVIIIe siècle, sans comprendre que la vision du monde du peintre des *Demoiselles d'Avignon* est profondément ancrée dans le début du XXe siècle, et contemporaine des rêves du futurisme ou de l'univers urbain de Guillaume Apollinaire, de même, ils peuvent sans sourciller placer Stendhal au XVIIe siècle, parce que l'analyse linguistique qu'on leur a imposée leur a tout dit du « schéma actantiel » du texte et de la « situation énonciative ou communicationnelle », mais rien du drame d'une génération rêvant d'exploits et de gloire, mais arrivée après les conquêtes napoléoniennes, dans une monarchie bourgeoise et conformiste. Les chantres de l'interdisciplinarité ont donc supprimé tout lien entre la littérature et l'histoire. Que ce soit en musique, en peinture ou en littérature, voilà des jeunes gens qui ne comprennent absolument pas que l'être humain s'est toujours, à travers l'art, représenté dans ses rapports au monde, à la transcendance, et que, par exemple, « l'invention » de la perspective par les peintres du Quattrocento italien n'est pas un « progrès » – mot magique que ces jeunes ont appris à vénérer, car ce qui est nouveau est meilleur – mais une nouvelle façon de voir l'homme, non plus soumis à la toute-puissance divine, mais incarné, dans un espace en trois dimensions. Donc *Les Lettres persanes* et *Les Fleurs du Mal* peuvent être contemporaines, puisque ce que ces œuvres disent de l'homme n'a pas de sens.

Merveilleuse arme pour qui voudrait empêcher des futurs citoyens de réfléchir à l'image que notre société leur renvoie d'eux-mêmes à travers la pauvreté de certaines représentations publicitaires ou autres. Au nom de la lutte contre le vieux Lagarde et Michard, ses partis pris et son impressionnisme, les nouveaux programmes promus par Luc Ferry, directeur, dix années durant, du Conseil national des programmes, imposent un technicisme destructeur de sens, et, dans sa conception même de la littérature, profondément utilitariste. Ce qui s'appelle tomber de Charybde en Scylla. D'autant que le processus est sensiblement le même dans toutes les matières. Les programmes d'histoire ont depuis longtemps subi la même épuration que les programmes de français. Dès l'école primaire, il s'agit d'empêcher que l'enfant puisse se situer dans un temps long. L'époque actuelle étant le stade ultime de l'histoire humaine, l'aboutissement radieux du cheminement de l'humanité vers la Démocratie, le Progrès et la Consommation, pourquoi rappeler par l'étude du passé que les civilisations sont mortelles, et qu'un certain Platon avait théorisé la dégénérescence des régimes politiques ? Les frises chronologiques qui ornaient autrefois les salles de classe ont ainsi disparu. Le dogme : un enfant construit son rapport au temps en fonction de ce qu'il connaît, en fonction de lui-même. Il faut donc partir de ses parents, puis de ses grands-parents... Une fois encore, plutôt que d'opposer au nombrilisme de l'enfant le monde qui l'entoure et les générations qui l'ont précédé, on le conforte dans son fonctionnement propre, jusqu'à renforcer même tout ce qui peut le maintenir dans un état infantile et régressif. Non seulement il ne doit pas avoir conscience de son appartenance à l'humanité et à sa généalogie, mais il ne doit surtout pas voir de sens à ce fatras qu'on lui présente sous forme disparate, et dans un désordre chronologique parfois confondant. Dominique Borne, inspecteur général de l'Éducation nationale depuis 1988, et grand prêtre des programmes scolaires à partir de 1992, déclarait à la revue *Le Débat*, en 2000[1], qu'il « faut combattre le mythe de la continuité historique. [...] Aucune enquête ne prouve que les élèves d'autrefois maîtrisaient mieux la chronologie qu'aujourd'hui. La continuité est une illusion, et une illusion que l'on peut épargner aux enfants. Il faut donc leur épargner les frises chronologiques. La frise entraîne d'abord la confusion entre l'espace et le temps. Ensuite la frise est forcément téléologique, les événements s'engendrant les uns les autres ». On ne commentera pas cet art de prendre les élèves pour des imbéciles, incapables de comprendre la symbolisation spatiale du temps. On s'intéressera plutôt à cet art de les rendre imbéciles, en les privant de toute structuration par la chronologie. Depuis Thucydide, l'être humain avait pourtant découvert une rationalité dans la succession des événements. L'auteur de *La Guerre du Péloponnèse* avait sorti l'histoire du sacré, de la fatalité, pour en faire l'objet d'une analyse des causes et des conséquences par l'observation des faits. Deux mille trois cents ans plus tard, en novembre 1999, Claude Allègre commentait les futurs programmes d'histoire en expliquant au journal *France Soir* : « Nous vivons dans une société mondialisée. Le programme d'histoire de terminale présentera donc un panorama de l'his-

1. *Le Débat*, numéro 110, Dominique Borne : « Où en est l'enseignement de l'histoire ? », Gallimard, 2000.

toire mondiale. Bien sûr, on n'entrera pas dans les détails. On se contentera de quelques flashs. » Le *zapping* comme modèle de la pensée scolaire : voilà qui résume à merveille cet air du temps pédagogique.

La haine du passé est donc à l'œuvre dans l'école, plus encore qu'ailleurs – ou du moins dans les instances de l'Éducation nationale, qui fixent le dogme, excommunient les hérétiques, et s'emploient avec une constance religieuse à réduire peu à peu les exigences scolaires au nom de la confusion entre égalité des chances et égalité de résultats. Puisque, comme le déclarait un inspecteur de l'Éducation nationale, « le savoir, ce n'est pas comme le sida, ça ne se transmet pas », le rôle des enseignants est de laisser les élèves puiser en eux le savoir qui s'y trouve certainement enfoui, telle une pépite. C'est le principe des Travaux Personnels encadrés, dont la suppression en classe de terminale par François Fillon a fait grand bruit au mois de novembre 2004. Inventés par le SNES, mis en place par Claude Allègre, et donc reniés par le syndicat enseignant, puis de nouveau adulés comme un exemple de pédagogie « différente » (et ce qui est différent est toujours bon), ces TPE plébiscités par les parents, les profs et les élèves, sont une illustration sur le mode comique de la transformation de l'école française en sympathique atelier du Club Med. Une fois encore, l'intention initiale est louable : initier les lycéens au travail de recherche qui leur sera demandé dans l'enseignement supérieur, tout en les obligeant à relier les domaines de connaissance de deux disciplines différentes. Outre que les travaux de recherche ne sont demandés à l'université, qu'à des étudiants de maîtrise ou de doctorat, censés commencer à peine à dominer suffisamment leur discipline pour pouvoir distinguer l'essentiel dans la masse des connaissances, les sujets eux-mêmes reflètent en général les enthousiasmes de professeurs ravis de s'évader un peu de leur quotidien : « Quelle réinsertion pour les prisonniers ? », « La typologie des tracts de Mai 68 », ou « L'héritage du mouvement hippie ». Un professeur de physique d'un lycée parisien dans un quartier défavorisé avoue par exemple proposer à ses élèves des sujets qui n'ont pas grand-chose à voir avec les sciences physiques, mais reçoivent malgré tout un accueil dithyrambique de l'inspection d'académie, pour leur caractère novateur et tellement anticonformiste : « La transsexualité », « L'image des homosexuels dans la presse »... Il était en effet nécessaire de supprimer à des élèves cumulant des difficultés en français, en langue ou en mathématiques des heures de ces disciplines pour les remplacer par des recherches certes fort enrichissantes, mais qu'on oserait dire secondaires. Cela étant, il convient de modérer aussitôt la satisfaction de ceux qui estimeraient salutaire la suppression des TPE. Le but étant purement économique, les horaires des disciplines lésées n'ont pas été rétablis par le ministre de l'Éducation nationale.

L'école fabrique donc des jeunes entraînés à la récitation d'un catéchisme tolérant et « citoyen », certainement très « ouverts » sur le monde contemporain – c'est-à-dire totalement soumis aux préjugés et tabous de leur époque – mais en proie au pire obscurantisme qui soit, puisque ce sont le bon sens et la rigueur qui ont été attaqués. Le culte de l'efficacité à court terme, doublé d'un solide mépris pour tout ce qui n'est pas de fraîche date, signe les noces des idéologues du Progrès sans mémoire et des gestionnaires sans culture. Cette institution qui avait porté les espoirs d'émancipation et de liberté de toute une nation est désormais complice des défaillances de la société qu'elle devait changer, complice de la soumission à l'air du temps et de la reproduction des inégalités sociales. Faut-il le rappeler, le pourcentage d'élèves issus de milieu populaire entrant à l'École polytechnique était de 21 dans les années 50, de 7,8 dans les années 90 ; on est passé à l'ENA de 18,3 à 6,1 %, à l'École Normale supérieure de 23,9 à 6,1 %. L'auteur de ces lignes, citant un jour ces chiffres devant un parterre d'enseignants s'est vu répondre : « Et alors, tout le monde n'est pas obligé de faire Normale sup ou l'ENA. Les autres filières sont tout aussi valables. » Sans aucun doute. Mais les enfants d'enseignants, eux, sont de plus en plus nombreux dans ces écoles.

Plus grave, alors que le discours officiel, relayé par des statistiques soigneusement orientées, déplore en général un « creusement des inégalités », qui permet de se féliciter à peu de frais d'une augmentation du niveau moyen et du meilleur niveau, les spécialistes confrontés à la réalité, professeurs d'université, de classes préparatoires, savent très bien que le niveau des élites est en train de s'effondrer. Une spécialiste de la Rome antique, Claudia Moatti, le déplorait avec vigueur dans le numéro d'automne 2004 de la revue *Medium*, affirmant partir dans les universités américaines parce qu'elle « ne [peut] plus exercer [son] métier correctement en France ». D'autres s'en affolent dans les rapports de jurys aux concours des grandes écoles. Les étudiants arrivent dans l'enseignement supérieur avec d'immenses lacunes dans le domaine d'études qu'ils ont choisi, mais aussi avec un état d'esprit qui leur interdit de considérer leur discipline autrement que comme un moyen d'obtenir le diplôme nécessaire pour éviter le chômage. Le grand débat au sein de l'université est aujourd'hui la création de cours de « culture générale » dans les premières années universitaires, qui permettraient seuls de pallier à peu près le déficit de connaissance des élèves sortant du lycée. La faute, là encore, à la « démocratisation » de l'université ? Mais la démocratisation consiste-t-elle à faire entrer à l'université des étudiants qui n'ont pas le niveau requis ? Qu'importe, les conséquences seront bientôt visibles. Face au système d'enseignement supérieur américain, et face au développement rapide d'élites scientifiques en Asie, « l'excellence française » est en grave danger. D'autant que la crise est profonde, et que la décrépitude du système scolaire est une des facettes d'un phénomène qui frappe la jeunesse française dans tout son être, culturel, intellectuel et linguistique. Par idéologie, par indifférence et par soumission au cours des choses, nous l'avons privée de tout. Et, probablement, la France de son avenir.

5.

De cette auberge espagnole qu'on appelle langue française

« Tous les parlers ne sont pas égaux », expliquait Danièle Sallenave dans *Lettres Mortes*[1]. Nouvelle manifestation d'un élitisme abominablement inégalitaire et destructeur des identités ? Ou expression réfléchie d'une universitaire qui rejoint le bon sens le plus sûr ? La notion de niveaux de langue permet généralement de comprendre que l'on adapte son discours à la situation dans laquelle on l'énonce. Une notion de plus qui semble voler en éclats. Il existe un « parler jeune » qui possède ses entrées à peu près partout, et se déploie désormais à l'université, dans les exposés oraux de certains étudiants, à la télévision, dans toutes sortes d'émissions de divertissement ou de débat. Lors de l'arrivée des jeunes de ZEP à Sciences Po, la presse avait fait ses gorges chaudes du témoignage d'une d'entre eux qui constatait que ses nouveaux camarades tellement bourgeois

1. Danièle Sallenave, *Lettres Mortes*, Michalon, 1995.

et coincés ne « comprenaient même pas le mot "keuss" ». Pour les ringards, « keuss » est l'abréviation de « keussa », verlan pour « sac ». On permettra tout d'abord à l'auteur de ces lignes de douter que les étudiants de Sciences Po soient tous exclus de cette belle communauté jeune à laquelle leur âge leur donne le droit d'appartenir. Que la demoiselle soit tombée sur un extraterrestre est toujours possible, il est peu probable qu'ils le soient tous. Mais surtout, s'il est heureux qu'un semblant de brassage social s'opère dans les grandes écoles françaises, il serait intéressant d'expliquer en revanche en quoi il y a matière à s'extasier de l'entrée du mot « keuss » à l'Institut d'Études Politiques, puisque, si des jeunes de ZEP ont pu accéder à ce temple de la reproduction sociale, c'est bien justement parce qu'ils sont parfaitement capables d'adopter un langage et une pensée du niveau des enfants de diplomates ou de journalistes qui peuplent l'école.

Une fois de plus, la démagogie jeuniste impose ses modèles, et fixe les règles. Il est donc de bon ton de parler jeune, pour montrer qu'on est « sympa ». Rien de grave quand il ne s'agit que des postures de quelques animateurs de télévision branchés. Mais l'état d'une langue se juge à son usage moyen, et, si la langue française n'est pas malade, ses usagers, eux, pourraient le devenir. Parce que l'enjeu de la langue est celui de la pensée, de la vision du monde, et parce que la plus insidieuse des fractures est celle qui façonne l'univers mental. Portrait de la fracture linguistique qui partage la France en deux parts trop inégales, portrait de la langue française à travers ses jeunes locuteurs.

En général, ils se promènent en petits groupes le samedi après-midi dans les centres commerciaux ou les rues passantes. Ils sont plutôt propres sur eux, l'allure travaillée, le détail étudié. Les garçons ont des chemises claires et des jeans tombants, les filles ont des hauts un peu moulants et des ceintures larges. Fils de bonne famille, enfants de la classe moyenne aisée. Mais quand ils s'expriment, c'est avec un accent des banlieues aux tonalités mêlées d'arabe, et des mélanges de vieil argot et de verlan. On y entend parler de « darrons », de « kissdé » et de « kiff ». Pour le dire autrement, « ça déchire ». Les gosses de bourgeois ont adopté les codes linguistiques d'un milieu social qui n'est pas le leur, ils s'approprient la « langue des cités ». Langue fleurie, langue inventive, nous répètent les adeptes d'une fantasmatique « culture jeune ». Langue reprise à souhait, renouvelée, souvent avec talent, par les Guignols de l'info, quand ils veulent représenter des « jeunes », et qu'ils mettent en scène pour cela – rien que de très significatif – des gamins des quartiers, si possible enfants d'immigrés. Principe tautologique assez simple : donner à cette langue des cités la richesse musicale et les images créatives qui justifieront qu'on lui offre le plus puissant des relais officiels.

En soi, rien de bien terrible. La langue française s'est constituée de cette porosité permanente entre écrit et oral. Et les linguistes y trouvent l'occasion de savantes recherches et de travaux pléthoriques. Ou même de professions de foi modernistes, comme Jean-Pierre Goudaillier dans son *Comment tu tchatches : dictionnaire du français contemporain des cités*, préfacé par Claude Hagège, apôtre des lendemains linguistiques qui chantent. Consécration ultime, *Le Nouvel Observateur* consacrait, en 2003, un dossier au « parler des banlieues », amusante compilation dont l'objet véritable était de démontrer combien l'hebdomadaire de gauche « respecte » tous les modes de vie et tous les langages. Et voilà bien le problème : impossible de parler de la langue française et de son usage, notamment dans la jeunesse, sans retomber dans l'éternel affrontement entre conservateurs et progressistes, sans être sommé de produire son certificat de tolérance, son vaccin antiraciste et ses patchs contre la nostalgie.

Le débat a pris début 2004 une tournure presque réjouissante, quand l'académicien Maurice Druon a entrepris de lui donner une forme définitivement caricaturale, en hommage sans doute à la tradition littéraire de la parodie. La tribune qu'il publie dans *Le Figaro* du 24 février 2004 s'intitule « Non assistance à langue en danger ». Un titre qui laissait espérer une analyse fine et violente de la situation. Au lieu de cela, Maurice Druon, comme tant d'autres, commet l'erreur – le crime, tant l'urgence est grande – de positionner le débat là où il ne doit pas l'être. Il suffira de citer une de ses sentences hautement nuancées : « On a commencé par couper les têtes ;

on a continué en rasant les fortunes ; on en est maintenant à décapiter le langage. » N'en déplaise à M. Druon, j'aime la langue française, me pique de la pratiquer assez correctement, et ne regrette pas pour autant qu'on ait aboli les privilèges ou qu'on s'emploie, fort modestement d'ailleurs, à réduire quelques inégalités de revenu. Le reste du texte affirme la responsabilité – malheureusement incontestable – de la télévision et de certains enseignants dans la dégradation du niveau de langue de la population, et propose, comme pour s'assurer qu'il ne sera pas pris au sérieux, de créer une instance de contrôle du langage télévisuel. Il n'en fallait évidemment pas plus pour décrédibiliser l'ensemble de la tribune auprès de tous ceux pour qui tout contrôle constitue le premier pas vers le fascisme. Mais surtout, Maurice Druon, après de très pieuses déclarations sur le rôle dévolu à l'Académie française, proclame toute sa haine des anglicismes, et de Bernard Pivot, qui a osé glisser dans sa précédente dictée quelques « meufs » bien peu académiques. La belle affaire ! Mais voilà que l'incriminé se rebiffe, et prend lui-même la plume. Le 1er mars, l'ancien présentateur, nouvellement jury du Goncourt, répond au mauvais coucheur, toujours dans *Le Figaro*, et se fait le défenseur de ces « mots sans papiers » parce que « nés de l'oral », et qui enrichissent une langue pleine de vie. La métaphore est habile, elle permet d'avoir la bonne conscience et *Libération* de son côté. Mais elle permet surtout d'escamoter l'essentiel.

Bien sûr, la langue française vit de ces apports, comme elle l'a toujours fait au cours des siècles. Et bien sûr, il est plutôt heureux que quelques *happy fews* puissent encore jouer avec les mots de l'autre, étranger ou jeune, dans ces nouveaux salons de précieuses que sont les Dicos d'or. Il y a peu de risque que les participants à cette noble fête mondaine contribuent à la destruction de la langue, eux qui sont à peu près les seuls à la manier encore suffisamment pour s'en amuser. Bernard Pivot aurait d'ailleurs dû comprendre que tel n'était pas le terrain sur lequel il fallait répondre, lui qui, au même moment, subissait les attaques de plus progressistes que lui. Le numéro de mars 2004 du magazine *Lire* rendait alors compte de son dernier livre : *100 mots à sauver*[1], petit opuscule ludique pour la sauvegarde de mots vieillis et chassés des dictionnaires. Bernard Pivot veut préserver les coquecigrues, la goguenardise et le septentrion. Il a raison. Car la langue est un plaisir plus qu'un outil, elle se fait pour celui qui l'aime et la fréquente matière sonore, saveur fraîche ou sophistiquée. Mais voilà, parmi les écrivains sollicités par *Lire* pour commenter l'initiative, il en était, comme Philippe Djian, qui renvoyaient Pivot à ses jeux : « Franchement, il n'y a aucun mot à préserver là-dedans ! [...] Ils sont vieillots et ne servent à rien. » On est toujours le réac de quelqu'un.

Là encore, ceux qui font profession d'aimer la langue ont regardé le doigt, quand il eût été

1. Bernard Pivot, *100 mots à sauver*, Albin Michel, 2004.

sage d'ausculter la lune. Et la lune ne se porte pas très bien. Que nous soyons un petit nombre en France à employer encore couramment les « clampins » et autres « godelureaux » ou « gommeux » est heureux, voire pittoresque. Car la jeunesse française, elle, en est bien loin. La mode est aujourd'hui de déplorer l'illettrisme qu'on a pourtant complaisamment laissé se développer pendant plusieurs années, mais s'interroger sur la langue reste encore interdit. Il ne faudrait quand même pas abuser de la lucidité : la lumière crue fait mal aux yeux. Donc, tandis que l'on se gargarise de la vigueur de la langue française, que l'on rappelle à l'envi que Raymond Queneau lui-même goûtait l'argot, et considérait que l'oral télévisuel pouvait apporter beaucoup à la langue écrite, on oublie de considérer que la télévision que regardait Queneau a peu à voir avec le Loft et ses décoiffantes licences grammaticales, et que rares sont aujourd'hui les adolescents qui comprendraient les calembours et les subjonctifs d'une page des *Fleurs bleues*. Qu'importe, une fois de plus. Ce qui compte est de s'affirmer moderne. Alain Rey, auteur du dictionnaire Robert et chroniqueur sur France Inter, le fait mieux que personne, lui qui ne tarit pas d'éloges sur les « subversions des codes linguistiques », ces libertés que l'on prend avec la langue normée qu'il croit encore enseignée à l'école. « Il n'y a que deux sortes de langues, se plaît-il à répéter, les langues malades et les langues mortes. » Et comme exemple de ces usages modernes qui démontrent la vivacité de la langue,

Alain Rey cite les SMS, petits messages écrits sur téléphone portable, qui marquent selon lui une « maîtrise du code écrit, avec lequel on peut jouer ». Pour qui fréquente de temps en temps quelques adolescents, la maîtrise du code apparaît assez virtuelle. « T ou ? Kess tu fé ? A + » Est-il bien nécessaire de s'extasier sur une simple transcription phonétique de quelques phrases ne dépassant pas quatre mots ? La pauvreté des informations généralement transmises par ces micro-cartes postales et leur caractère purement utilitaire semblent échapper à l'éminent auteur du *Dictionnaire historique de la langue française*. Quand le code sollicité est si basique, peut-on parler de jeu ou de subversion ?

Or, ce que les SMS, ou les mails et autres « chat » sur la toile, traduisent de l'état de la langue écrite est à peu près le pendant de ce que connaît la langue parlée. Pour le dire simplement, la question n'est pas de savoir si le trésor de la langue s'enrichit de l'apport des langues étrangères ou des parlers populaires, ou bien s'il faut le protéger de ces invasions proliférantes. L'alternative n'est pas entre béatitude bon teint et conservatisme ancien régime. Pour l'heure, l'urgence est d'avertir qu'une part croissante de la population n'a pas accès à ce trésor. Quand on atteint difficilement six cents mots de vocabulaire, il n'importe plus vraiment de savoir si des anglicismes s'y sont glissés. Et la créativité de quelques rappeurs poètes exhibés par un système médiatico-commercial dont l'intérêt est de prolonger l'illusion ne saurait en aucun cas représenter l'usage majoritaire du français par ceux qui en sont pourtant héritiers et usufruitiers : les Français.

C'est un truisme : le langage est un instrument de pouvoir, et un discriminant social. Qui ne possède pas les codes linguistiques a toutes les chances de se retrouver invariablement du côté des dominés. On peut persister à proclamer l'égale dignité de toutes les pratiques linguistiques, de tous les parlers spécifiques, l'évidence est là : celui qui ne sait exprimer son enthousiasme qu'en s'exclamant que « c'est cool » ou « c'est de la balle » est condamné à devenir un chômeur, certes digne, mais chômeur tout de même. Non pas parce que les patrons sont intolérants, mais parce qu'il n'y a aucune raison pour qu'ils s'encombrent d'un salarié qui ne cernera pas les nuances des messages qui lui sont envoyés, et ne saura pas rendre compte d'une tâche, d'un employé qui, parce qu'il n'a pas les mots, n'aura pas les pensées. Au commencement était le verbe, dit une histoire vieille comme le monde, dans laquelle l'homme a le pouvoir de nommer les animaux et les autres créatures. Le pouvoir de nommer, c'est-à-dire de convoquer, de faire exister. Que la langue Inuit possède trente-six mots différents pour désigner la couleur blanche signifie qu'un Inuit voit trente-six blancs différents, qu'ils existent pour lui. Qu'un Basque possède un mot pour désigner l'ombre projetée par la feuille de chêne modèle son esprit, et donne à ce phénomène une essence particulière. Qu'un Romain de l'époque impériale désigne les esclaves par le mot « mancipium », neutre, et qui signifie « que l'on tient dans la main », résume en soi la civilisation romaine et son système social. Qui méconnaît ces réalités s'interdit de penser la langue et son usage. Danièle Sallenave, dans *À quoi sert la littérature ?*[1], s'insurgeait d'ailleurs à juste titre, dans un chapitre intitulé « Fracture linguistique et fracture sociale », contre cette image simpliste de la langue, véhiculée notamment au sein de l'école :

« La plupart des généralités qui sous-tendent la réforme pédagogique de l'enseignement du français sont d'une pauvreté de pensée accablante. On ne peut pas ouvrir un texte d'un des partisans de la réforme, que ce soit un pédagogue ou un professeur de sciences de l'éducation, sans être affligé par la philosophie effroyablement plate qui la sous-tend : "De tous temps les hommes ont cherché à communiquer." Ou encore : "Le langage sert à exprimer sa pensée" », comme si ça allait de soi et comme si cela n'avait pas fait l'objet d'un certain nombre de réflexions philosophiques que semble ignorer le concepteur du manuel. Or, c'est cette philosophie qui gouverne certaines réformes, ou certains projets de réforme, par exemple celle de l'orthographe. Si le langage sert à communiquer, on en déduit que c'est un code. Or, quand un code ne fonctionne pas bien, on le modifie, comme le code de la route. C'était textuellement présent dans les propositions de réforme de

1. Danièle Sallenave, *À quoi sert la littérature ?* éd. Textuel, 1997.

l'orthographe qui avaient été suggérées au gouvernement Rocard. Et quand certains se sont élevés contre cette réforme, on les a accusés de passéisme, on a dit qu'ils rejoignaient la grande cohorte des penseurs réactionnaires américains.

Le langage n'est pas un code, ce n'est pas le code de la route. Il ne “sert” pas à communiquer, ni même à “exprimer sa pensée”, il sert d'abord, si j'ose dire, à penser. L'apprentissage du langage, c'est l'apprentissage de la pensée. Apprendre à écrire, à parler et à lire, c'est apprendre à penser. Et apprendre à penser, c'est apprendre les liens d'organisation de la phrase, temps et lieu, causalité et conséquence. Apprendre comment la logique de l'expression est incarnée, vécue et comprise dans la phrase. La grammaire devient alors plus qu'une série de règles ; elle est une réflexion, un apprentissage des modes de pensée inscrits dans la phrase. »

La langue est bien plus qu'une norme dont on pourrait s'affranchir au nom de la liberté individuelle, et de la libre expression du moi. Elle est l'architecture à partir de laquelle on construit ce moi, et le monde qui est autour ; elle est ce qui donne sens au monde perçu, ce qui l'ordonne. Par la grammaire et le vocabulaire, c'est le réel qui s'enrichit. Il est donc très sympathique, et même passionnant, que des linguistes se penchent sur les exceptions, les détournements de la norme, mais la démagogie ne doit pas inciter à penser que ces détournements peuvent affranchir du nécessaire apprentissage de cette norme. Parce que le résultat de ce non-apprentissage, s'il est parfois intéressant à étudier pour un chercheur, et peut même lui permettre de mieux appréhender la norme, est le plus souvent calamiteux pour l'objet d'étude, celui qui devra vivre avec ce manque.

Le principe est simple, et très bien analysé par un linguiste comme Alain Bentolila, professeur à Paris V et coordinateur scientifique à l'Observatoire national de la lecture, spécialiste de l'illettrisme. Au départ, il y a ces ghettos urbains où l'on confine la misère sociale et culturelle. Les jeunes qui vivent là sont dans l'absence et le manque. Manque de références, manque d'ouverture. Enfermement dans l'univers proche, parce que les conditions sociales, géographiques, urbanistiques, conduisent à cet enfermement. Or, il existe une règle, en linguistique, qui est que plus les gens sont proches, plus ils ont en commun un mode de vie, un environnement, des déterminations sociales et culturelles, et moins il leur est nécessaire de formuler ce qu'ils ont à se communiquer. Entre eux s'installe une forme de connivence qui fait que, comme le dit l'expression populaire, « ils se comprennent à demi-mot ». Alain Bentolila, dans une tribune publiée le 24 août 2004 dans *Libération*, parlait d'un phénomène d'« économie linguistique » au sens d'« ajustement des dépenses linguistiques aux exigences d'une situation spécifique de communication ». En fait de demi-mots, il s'agit plutôt de pauvres mots-valises, qui permettent de dire tout et son contraire en étant à peu près sûr d'être compris. Quand un jeune lance un « c'est mortel » – ou une variante plus en vogue, puisque ce type d'expression se démode plus vite qu'un téléphone portable – il peut vouloir dire « c'est étonnant », « c'est terrifiant », « c'est exaltant », « c'est effroyablement ennuyeux », « c'est passionnant », et bon nombre d'autres nuances de perception et de sentiment, du négatif au positif. Mais l'interlocuteur, généralement, devine sans recourir au raisonnement, ce qu'on veut lui transmettre par cette exclamation ; il devine parce que son propre ressenti est proche, parce que ses perceptions sont les mêmes. Contrairement à celui qui n'appartient pas à la même sphère culturelle.

Ce langage des cités, tant vanté pour son originalité, son inventivité, se révèle en fait un assemblage hétéroclite d'allusions et d'imprécisions, un lexique de « baudruches sémantiques » qui repose essentiellement sur une opposition entre l'agréable et le désagréable, le plaisant et le déplaisant. Les mots se gonflent de significations diverses, qui ne seront plus explicitées, et donc plus analysées comme différentes. C'est « cool » ou c'est « pas cool ». La précision n'a pas lieu d'être dans ce contexte. Chaque mot couvre des champs considérables, et parfois même contradictoires, ce qui aboutit à un aplanissement, et donc à une usure rapide du vocabulaire. Le partage ne se fait que sur une absence, celle des moyens pour exprimer une réalité plus complexe. L'information convoyée par le langage est de plus en plus faible, et les conversations de plus en plus redondantes. Le contraire, donc, de ce qui caractérise un apprentissage du langage, et qu'Alain Bentolila décrivait ainsi lors d'une intervention à la Sorbonne en 1996 : « Le chemin qui mène à la maîtrise de la langue peut se résumer de la façon suivante : c'est le passage d'un état dans lequel on s'adresse à des gens que l'on connaît fort bien pour leur dire des choses qu'ils savent déjà à un état dans lequel on s'adresse à des gens que l'on ne connaît pas pour leur dire des choses qu'ils ignorent. » Autrement dit, la pauvreté linguistique ne pose aucun problème tant que l'on reste dans son ghetto, elle aurait même tendance à être valorisée, ce que Bentolila appelle la « tribalisation de l'échec », l'échec dont on fait une fierté et une marque d'appartenance, c'est-à-dire le pire des pièges, puisqu'il est alors consenti. Mais dès que l'on s'éloigne, dès qu'il faut quitter l'univers de la connivence, la carence devient criante, et la barrière sociale s'érige.

Les bandes de jeunes que l'on voit débarquer dans les centres villes en formation compacte ont depuis longtemps intériorisé cette barrière. Le groupe est une façon d'emmener son ghetto avec soi, de se protéger contre l'incursion de l'inconnu. La bande permet d'éviter le contact qui supposerait de mobiliser une argumentation, et réclamerait de porter la pensée au plus juste des intentions, de maîtriser non seulement le ressenti, mais aussi le raisonnement et l'analyse, et d'avoir les mots pour le faire. Dès qu'il y a isolement, il y a mise en danger. Et qui dit mise en danger dit défense, donc agressivité. L'une des conséquences principales de cette carence linguistique est dans le passage à l'acte violent qu'elle induit, et que seule la parole pourrait différer. Est-il nécessaire d'évoquer les nombreux témoignages d'enseignants confrontés à des gamins rendus furieux et désespérés par ce mur auquel ils se heurtent ? Est-il nécessaire de citer la litanie des faits divers, relatés dans ces colonnes que *Libération* consacre aux comparutions immédiates, où l'accusé devient fou de ne pouvoir formuler sa défense face à des représentants de la loi qui, eux, possèdent les codes, savent les manier ?

Mais surtout, celui qui n'a pas les mots est vulnérable. Si le langage est un pouvoir, il est aussi un moyen de se prémunir contre le discours des autres. N'importe quel enseignant a pu expérimenter, face à une classe de faible niveau, le pouvoir de manipulation qu'il pourrait exercer, s'il décidait d'oublier son rôle d'éducateur. Toute sujétion s'impose suivant le même processus : « Ma parole n'est pas cohérente, elle ne me permet pas de dire ce que je vis, ce que je perçois, elle ne donne pas sens à ce qui m'entoure. Celui qui vient à moi avec un discours construit, qui parle mieux et de façon plus habile, qui me fournit ce sens qui me faisait défaut, je m'en remets à lui. » Les islamistes qui sillonnent les quartiers n'agissent pas autrement. Non seulement ils tiennent un discours qui éclaire le monde, offre une grille de lecture, mais ils fournissent les mots pour s'adresser à Dieu, c'est-à-dire pour dépasser l'incapacité à parler aux hommes. Le discours islamiste, et tout discours totalitaire et totalisant, est un soulagement, mieux, un moyen de survie, pour qui souffre de vivre dans un espace mental hostile parce qu'inorganisé, incohérent.

Entendons-nous bien : il ne s'agit surtout pas de condamner qui que ce soit. Personne ne choisit ce vide et cette souffrance, et les causes en sont avant tout sociales et culturelles. Affirmons donc avant de donner aux « bonnes âmes » un argument pour discréditer par avance ces réflexions que tout être humain, même et surtout fragilisé, même et surtout dans le manque et la carence, a droit au respect. Lui est respectable. Mais sa carence ne l'est pas, puisqu'elle cause une souffrance. Réponse de la bonne âme de service : il suffit de considérer que son langage et son mode d'être au monde sont aussi « dignes » que les nôtres, il suffit de ne pas le stigmatiser. Il suffit. Ainsi agit-on depuis vingt ans avec les résultats que l'on connaît. Car ce qui ne relève d'aucun choix, ce qui est subi, ne peut être vécu que comme une souffrance. Le non-être au monde peut être considéré comme « digne », il n'en est pas moins un manque. Et voilà bien l'erreur de nos grands admirateurs du parler des cités, et de toutes ces langues qu'ils pensent marginales, et donc furieusement rebelles : quand Raymond Queneau ou Alphonse Boudard utilisaient l'argot, ils avaient choisi une langue qu'ils maîtrisaient parfaitement, et qui leur permettaient d'exprimer une infinité d'émotions et de visions du monde.

De même quand MC Solar ou quelques autres jouent avec cette langue des banlieues. Mais ils sont très loin d'en refléter l'usage majoritaire. Une fois de plus, au nom du « respect de toutes les cultures », on assigne à résidence ceux qui justement auraient le plus besoin de s'évader, d'échapper au déterminisme linguistique et social. « La langue est une arme, résume Danièle Sallenave. Il est criminel d'en priver ceux qui en ont le plus besoin. »

Pire, cette fracture linguistique qui laisse du mauvais côté de la barrière les plus faibles ou les plus déracinés tend à se creuser. Elle attire peu à peu dans le gouffre ceux qui pourtant semblaient pouvoir se préserver : les enfants des classes moyennes et supérieures. Certes, ces jeunes de milieux plus ou moins favorisés qui adoptent les codes linguistiques des banlieues, et dont les phrases sont ponctuées de « grave », de « pécho » ou de « niqué », sauront en général ne pas les employer lors d'un entretien d'embauche ou dans toute autre circonstance conventionnelle. Mais auront-ils pour autant le vocabulaire de remplacement, à la fois précis et nuancé, et les structures grammaticales propres à construire une argumentation ? Rien n'est moins sûr. Quand de jeunes internes en médecine, tous à bac+7 ou +8, à l'issue d'une réunion, ont pour préoccupation de savoir ce que signifiait le terme « nonobstant » employé par un intervenant, on peut raisonnablement considérer qu'il y a lieu de s'inquiéter. Alors que les classes moyennes jouaient un rôle de moteur, et tiraient vers le haut les plus défavorisés, l'appel d'air semble s'être inversé. Phénomène témoignant de ce rejet du savoir et de la haute langue qui imprègne la société. Mais phénomène potentiellement lourd de conséquences sur le lien social. D'abord parce que ces classes moyennes, qui n'adhèrent au pacte social que dans la mesure où leurs enfants ont une chance d'occuper une place plus dorée que la leur, ne peuvent accepter un risque supplémentaire de déclassement. Ensuite parce que la déperdition que traduit l'extension du parler que l'on appelle complaisamment – et de façon pour le moins insultante – « jeune » se ressent dans tous les types de relations humaines, professionnelles, hiérarchiques ou familiales.

L'extension aux classes moyennes et supérieures de la fracture linguistique est sans doute aujourd'hui l'une des réalités les plus criantes, mais les plus refoulées. Parce qu'elle met en cause nombre des représentations qui sont les nôtres, à la fois sur la valorisation du modèle des banlieues, et, de façon concomitante, sur la rassurante certitude que finalement, si quelque chose va mal, cela ne concerne que les pauvres. Réflexe contradictoire et peu assumé. Mais qui détermine les réactions affolées face à toute réserve devant les emplois actuels de la langue. Autrement dit, il pourrait ne pas être grave que des jeunes gens de tous milieux adoptent les codes linguistiques des plus défavorisés, si l'on pouvait être certain que cela reste de l'ordre du choix, si ces codes se mêlaient aux leurs pour former une langue inventive. Ce n'est pas le cas. Ce que les jeunes adoptent majoritairement, ce sont les carences de la langue des banlieues, pas ce qu'elle a de créatif. Ce qu'ils font leur, c'est la forme binaire d'un langage traduisant essentiellement du « ressenti », et laissant de côté les nuances, la capacité à distinguer.

Que les jeunes s'approprient la langue des cités dans ce qu'elle a de folklorique, d'imagé, n'est guère étonnant. Les jurons, par exemple, qui tournent tous autour de la « mère » – comme le trop fameux « nique ta mère » – ou de la « race », se répandent à grande vitesse. Et pour cause : ils sont mis en valeur par un système médiatique qui intègre la marge pour en faire la norme. C'est tellement chic, tellement décoiffant, ces expressions. Pour un peu, ça ferait vaciller un ordre bourgeois et patriarcal que seuls quelques présentateurs télé et journalistes parisiens croient encore debout. Plus sérieusement, la solidarité tribale qui transparaît dans l'image que les médias donnent des « quartiers » offre un repère rassurant à des jeunes qui sentent bien que le monde qu'on leur propose en est plutôt pauvre. À un âge où l'on a besoin de se trouver et d'affirmer, à travers les mots, une identité, le référent simple que constitue un mode d'expression à la fois valorisé et représenté comme rebelle ne peut que séduire les adolescents. D'autant que la publicité exploite avec délectation ces identités de substitution. Encadrer le jeune consommateur par une tribu accueillante à laquelle il marque son appartenance par ses vêtements, sa nourriture, ses objets de prédilection, une panoplie complète qu'on lui vend à coups de slogans formulés bien entendu dans « sa langue ».

Mais voici plus grave : ces adolescents ne choisissent pas un langage qui puisse refléter au mieux leur personnalité. Pour l'immense majorité, il s'agit tout bonnement d'une carence, au même titre que celle dont souffrent des jeunes que leur condition sociale condamne au manque. Non seulement nous échouons à sortir les plus faibles de leur déterminisme, mais nous y plongeons les autres. Nous avons réussi l'exploit de reproduire le ghetto linguistique hors du ghetto. Il ne reste plus, de l'autre côté de la barrière, que quelques ultra-privilégiés, bénéficiaires non pas du capital financier, mais du capital culturel de leurs parents. La vieille idée selon laquelle le système ne bénéficierait qu'aux enfants d'enseignants se vérifie ; enfants d'enseignants ou de tous ceux qui accordent de l'importance au savoir. Au contraire, certains enfants d'une bourgeoisie très aisée peuvent pratiquer un langage extrêmement pauvre, beaucoup plus pauvre que celui de leurs parents. On observe, indéniablement, la régression de certaines « élites », ou considérées comme telles.

À cette faillite, plusieurs raisons. La première est dans le renversement des hiérarchies entre langue écrite et langue orale, au profit de la seconde. Évidemment, le modèle de la société médiatique, l'omniprésence de la télévision, rendent inévitable ce renversement. En fixant un modèle de communication, une « norme » qui est censée constituer l'emploi majoritaire de la langue, la télévision occupe un rôle central, non seulement dans l'acquisition du langage par l'enfant, mais aussi dans le développement chez les adultes d'un certain registre de langue. En 2002, un rapport du Collectif interassociatif enfance médias (CIEM) intitulé « L'environnement médiatique des jeunes de 0 à 18 ans : que transmettons-nous à nos enfants ? » constatait à la fois l'influence essentielle des médias audiovisuels sur le développement de la personnalité des enfants et l'absence totale de réflexion sur les contenus des programmes qui leur sont destinés. Mais les auteurs du rapport se heurtaient bien sûr à une contradiction insoluble : comment concilier une réelle politique dans le domaine des médias avec l'omniprésence du marché, parfaitement servie par le principe de la liberté d'expression. « Se focaliser sur l'interdit relève d'une attitude rétrograde et anachronique, affirmait ainsi le rapport. [...] Seule une approche complexe et globale de la responsabilité des médias dans la construction des identités, la transmission des valeurs fondamentales, des repères nécessaires à la vie sociale et démocratique, tenant compte du développement des enfants auxquels les médias s'adressent pourrait initier une démarche satisfaisante et motivante pour tous. » Autrement dit, il serait urgent d'agir, mais nul n'en a véritablement les moyens, toute tentative de contrôle ou de simple supervision des programmes destinés aux jeunes étant assimilée à une censure, et rejetée comme atteinte intolérable à la sacro-sainte liberté d'expression.

Car la télévision dans son ensemble, et les programmes « jeunes » en particulier, fonctionnent exactement selon ce principe de connivence qui entraîne l'appauvrissement du langage. Nous vous montrons des gens qui sont vos semblables, qui parlent comme vous, qui pensent comme vous. Ne zappez pas, car nous sommes entre nous. Rien de plus confortable, de plus rassurant que de savoir à quoi s'attendre, de connaître par avance le contenu. On se sent chez soi, dans sa sphère, dans sa bulle. Tentation compréhensible quand on rentre d'une journée de travail harassante, et qu'on aspire au repos. Plus problématique quand le téléspectateur est un jeune qui passe environ trois heures par jour devant la télévision, et dont l'univers mental est modelé par le discours qu'il y entend. Le linguiste Alain Bentolila l'exprimait en ces termes en 1996, lors des 5e Cités de la Réussite : « Il me paraît très indulgent de mettre la télévision du côté du relationnel. Quant à moi, je pense qu'elle n'a rien à voir avec le relationnel, avec l'interactif. Elle est même tout le contraire. Je ne remets pas là en cause l'outil mais son contenu. Comme je le disais précédemment, la grande majorité de la programmation télévisuelle repose sur le prévisible et l'attendu. C'est-à-dire que ce qu'elle propose est compris avant même d'avoir été montré ou dit. Je crois qu'il y a là un danger majeur. La question n'est pas de savoir si les enfants perdent leur temps devant la télévision, mais de comprendre qu'ils sont confrontés à un schéma sémiologique perverti. » Tout simplement, le niveau de langue du candidat de la Star Académy ou de l'animateur moyen ne risque pas de perturber un adolescent par la découverte d'un vocabulaire nouveau ou par la beauté de ses constructions grammaticales. Lire quelques phrases des *Cahiers d'études de la radio-télévision* sous la plume de Roland Iglésis en 1959 [1] relève du voyage interplanétaire : « Éveiller le spectateur, écrivait-il, le rendre conscient de lui-même, de sa solitude, de sa richesse intérieure au lieu de l'étourdir en cherchant à la distraire, est une tâche que l'on peut rêver d'entreprendre à l'heure où les forces de la nuit qui pèsent sur notre monde commencent à se dissiper. » Forces de la nuit ? Le terme exact serait aujourd'hui obscurantisme, et loin de se dissiper, il s'épaissit. Reconnaissons que France 5, dont les programmes sont exemplaires, et Arte, échappent à ce réquisitoire.

Mais il y avait longtemps que nous n'avions entendu les bonnes âmes. Les voici qui accourent et se récrient. Si les téléspectateurs pouvaient suivre une représentation des *Perses* d'Eschyle retransmise à la télévision en 1961, c'est parce qu'ils n'avaient pas le choix des programmes. Mais ils ne comprenaient rien à cette langue. C'est en substance ce qu'affirment Dominique Wolton et

1. Roland Iglésis, in *Les Cahiers d'études de la radio-télévision*, n° 23, septembre 1959.

Jean-Louis Missika dans *La Folle du logis*[1], ouvrage retraçant l'histoire de la télévision en France. Ils ne comprenaient rien et n'adhéraient pas à ces valeurs ? La langue du peuple était-elle donc si indigente ? Quand on lit des ouvrages populaires comme ceux de Christophe, pionnier de la bande dessinée en France, on en doute. « C'est le 1er janvier, à minuit une seconde sexagésimale de temps moyen, que le jeune Brioché, qui devait plus tard s'appeler le docteur Cosinus, poussa ses premiers vagissements. À son baptême, il reçut les prénoms à la fois harmonieux, poétiques et distingués de Pancrace, Eusèbe, Zéphyrin, ce qui parut le laisser parfaitement indifférent. » Ce petit texte accompagne la première case de « L'idée fixe du savant Cosinus », qui, s'il n'est plus de nos jours goûté que par un petit nombre de personnes sans doute ignoblement nostalgiques, fut une lecture du peuple. On aimerait que quelques adolescents puissent encore en apprécier le rythme, la mélodie, et l'humour sibyllin, comme on aimerait qu'ils puissent manier eux-mêmes les nombreux subjonctifs qui apparaissent dans les cases suivantes. Mais c'est vrai, nous nous oublions : le subjonctif ne sert à rien. Il n'est donc pas nécessaire d'en affliger notre jeunesse. Un mode qui exprime l'irréel, le possible, l'incertain, tout un monde d'imaginaire et de supposition, de souhaits et de

1. Jean-Louis Missika, Dominique Wolton, *La Folle du logis, La télévision dans les sociétés démocratiques*, Gallimard, 1983.

regrets, voilà qui est en effet bien inutile dans un monde moderne.

La suppression de toute complexité dans les formes grammaticales a signé la mort du subjonctif, et détermine également la généralisation du tutoiement. Le vouvoiement nécessite une meilleure connaissance de la langue, puisqu'il sollicite des formes plus complexes : un coup d'œil sur cette bible qu'est le Bled [1] suffit à s'en convaincre. Simplification de la langue, et simplification des rapports. Le vouvoiement induit une distance entre les interlocuteurs qui est à l'opposé de toute connivence factice ; il implique un respect mutuel en même temps qu'une différence : vous n'êtes pas mon semblable, quelque chose nous sépare, mais je m'adresse à vous et nous nous comprenons. Le principe, finalement, de toute véritable situation de communication. Le vouvoiement a donc été victime d'une abolition des hiérarchies au nom de l'égalité et des valeurs démocratiques. Dans l'entreprise, l'école, l'hôpital ou ailleurs, la magie du langage allait supprimer les situations de domination. Belle utopie. Changer les mots sans changer les structures sociales, quel tour de passe-passe. Moralité, les situations de domination sont plus perverses, parce qu'implicites, non assumées, et parce que les hiérarchies sont vécues comme illégitimes et dégradantes. Mais surtout, alors que le vouvoie-

1. Le Bled est ce manuel de conjugaison édité par Hachette Éducation, autrefois en vigueur dans toutes les écoles primaires.

ment met le locuteur dans une posture mentale telle qu'il s'apprête à s'adresser à quelqu'un de distant, vis-à-vis duquel il faudra expliciter ses pensées, ses arguments, le tutoiement installe cette connivence qui incite à l'approximation, puisque l'on est du même monde, et que l'on se comprend « naturellement », puisque « cela va sans dire ». Oserait-on parler de laisser-aller ? Le procès pour fascisme poindrait aussitôt. Contentons-nous de dénoncer une fois de plus un élément destructeur de la langue commune.

Il est très payant de maintenir le mythe d'un langage populaire sommaire pour justifier le nivellement systématique qui s'opère au nom d'une prétendue égalité. L'étape suivante est l'intrusion, à l'école, de ce langage moyen, et l'adoption du principe de connivence déjà en vigueur dans le reste de la société. Danièle Sallenave en cite un exemple, dans *À quoi sert la littérature ?*, que chaque enseignant pourrait reprendre à son compte : « Lors d'un exposé, un étudiant de première année emploie souvent des termes d'un grand relâchement, raconte-t-elle. Il s'étonne qu'on le lui fasse remarquer (gentiment !) : "Ne dites pas 'il se prend une claque' mais 'il reçoit une gifle'." Cela veut dire que depuis la classe de sixième, et en tous cas depuis la classe de seconde, on ne pense pas qu'il soit nécessaire de corriger l'expression écrite ou orale. Quelle importance ? m'a dit un jour l'un de mes collègues. Si l'exposé était bon... » L'absence de rigueur dans l'enseignement de la langue, tant orale qu'écrite, a des conséquences incalculables. Laisser croire à des jeunes qu'un mot en vaut un autre, c'est leur inculquer l'idée que le langage est une inflation inutile, et que le « sens » pourrait être distingué de la « forme », des mots, alors même qu'on est en train de détruire le sens.

Le phénomène est amplifié par la valorisation croissante de l'oral dans l'institution scolaire. Le processus a été admirablement analysé par le collectif « Sauver les Lettres », dans le petit livre édité par Textuel : *Sauver les Lettres ; des professeurs accusent*[1]. « Auparavant, expliquent ces enseignants entrés en résistance, l'oral était une activité qui était menée en parallèle avec l'écrit. Mais depuis un certain nombre d'années, on a vu se répandre une condamnation plus ou moins explicite de la culture scolaire fondée sur l'écrit. [...] Ce discrédit jeté sur l'école et sa prétendue survalorisation de l'écrit ont, par exemple, conduit Ségolène Royal à appeler dans les écoles primaires à une pratique accrue de l'oral, présenté comme facteur d'égalité ou de justice sociale. » Parallèlement à la mise en avant de l'expression de soi, évoquée dans le chapitre précédent, le renversement du rapport entre écrit et oral au sein de l'institution scolaire ne fait que contribuer à réduire le langage à une vague accumulation de clichés et d'impressions floues. Car il est bien entendu que cet oral spontané qu'on prétend développer à l'école n'a rien à voir avec l'éloquence, la haute langue orale, issue de

1. *Sauver les Lettres ; des professeurs accusent*, éd. Textuel, 2001.

l'écrit. « L'enfant apprend à parler sans apprendre la grammaire, expliquent encore les professeurs de *Sauver les Lettres*. Mais ce qu'on appelle éloquence est bien autre chose, et nécessita aussi un haut niveau d'abstraction, et une mise à distance de son moi qui, seule, permet la pleine conscience de ce que l'on profère. » Ce que fabrique aujourd'hui l'école, ce sont des jeunes qui subissent leur langue plutôt qu'ils ne la pratiquent, qui se montrent incapables d'en développer toutes les potentialités. Et ce dès le plus jeune âge. En effet, c'est dès la maternelle que se construit le rapport à la langue.

L'abandon de la haute langue orale, différente de la langue vernaculaire, celle de tous les jours, a des répercussions nombreuses dans ce que nous considérions autrefois comme une réussite française : l'école maternelle. Là aussi, le dogme appliqué depuis les années 70 à tous les niveaux de l'institution a sévi : « Professeurs, vos élèves ne vous comprennent pas quand vous parlez votre langue. Adaptez-vous à la leur. » Pour les tout-petits, surtout pour ceux qui n'ont pas chez eux des parents qui les confrontent à la langue française, la perte est irréparable. Et se trouve, autant que les méthodes d'apprentissage de la lecture, à l'origine de l'illettrisme. Quand un enfant commence à déchiffrer les sons pour lire les mots, il associe le résultat de son déchiffrage à un sens connu dans son « dictionnaire mental ». Si le dictionnaire mental est trop pauvre, si chaque mot rencontré se heurte au vide, à l'inconnu, la lecture n'est plus comprise comme un moyen d'atteindre le sens, et l'enfant renonce à ce qui lui apparaît comme inutile. La maternelle est donc le lieu où devrait se préparer la rencontre avec la langue écrite, par l'emploi d'une langue exigeante, et la lecture à haute voix d'histoires mobilisant cette haute langue. Mais quand une petite fille de cinq ans rentre de l'école en disant à sa maman effarée que « ça va le faire », parce qu'elle a entendu son institutrice employer cette expression, il y a lieu de s'interroger sur le fleuron du système scolaire français.

À chaque échelon, dans chaque domaine, on retrouve ce principe fondamental : n'être jamais confronté qu'à ce que l'on connaît, qu'à ce que l'on peut prévoir, condamne à l'enfermement en soi, au ghetto intérieur. Alors que nos sociétés démocratiques ne jurent que par l'ouverture à l'autre, la « tolérance » et la « citoyenneté », nous fabriquons un univers de confort intellectuel et de fausse intimité, où la démarche vers l'autre est rendue impossible par l'absence d'outils linguistiques. Et l'on peut continuer à se lamenter sur « ces jeunes qui ne lisent pas ». L'écrit nécessite justement qu'on soit capable d'abandonner ses propres catégories ; c'est une plongée dans l'inconnu, dans l'inattendu. Ça « prend la tête » ? Exactement. Et c'est pour cela que des jeunes habitués à percevoir un message sans avoir à le déchiffrer, parce qu'il est connu d'avance, n'ont aucune raison de se brusquer en plongeant dans un livre. Mais ils seront également incapables de débattre d'un sujet en dehors de l'alternative « j'aime-j'aime pas », ou

« c'est bien-c'est pas bien ». Petite minorité défavorisée ? Non. Jeunes bacheliers, diplômés de l'enseignement supérieur, futurs cadres. Emprisonnés dans leur cocon mental.

« Le novlangue a été la langue officielle de l'Océania. Il fut inventé pour répondre aux besoins de l'Angsoc, ou socialisme anglais.

En l'an 1984, le novlangue n'était pas la seule langue en usage, que ce fût oralement ou par écrit. [...] Le but du novlangue était, non seulement de fournir un mode d'expression aux idées générales et aux habitudes mentales des dévots de l'angsoc, mais de rendre impossible tout autre mode de pensée.

Il était entendu que lorsque le novlangue serait une fois pour toutes adopté et que l'ancilangue serait oublié, une idée hérétique – c'est-à-dire une idée s'écartant des principes de l'angsoc – serait littéralement impensable, du moins dans la mesure où la pensée dépend des mots. [...] En dehors du désir de supprimer les mots dont le sens n'était pas orthodoxe, l'appauvrissement du vocabulaire était considéré comme une fin en soi et on ne laissait subsister aucun mot dont on pouvait se passer. Le novlangue était destiné, non à étendre, mais à diminuer le domaine de la pensée, et la réduction au minimum du choix des mots aidait indirectement à atteindre ce but. »

Les lecteurs de George Orwell auront reconnu l'appendice final de 1984, et considéreront sans doute que le futur de l'auteur britannique n'avait fait qu'anticiper notre présent.

6.

De la communication, ce courant d'air du temps

« Ne zappez pas » est l'injonction du XXIe siècle. Dans toute situation d'échange, à l'école, à la télévision, dans les relations familiales ou professionnelles, dans les messages institutionnels, il s'agit de limiter à son profit la versatilité que l'on contribue à faire naître. Tel est l'objet de la communication, cette nouvelle mystique. Le message connu d'avance, rassurant et plaisant, qui engendre le désir et crée le besoin. L'entrée dans une société communicante est sans doute le phénomène majeur qui à la fois explique et amplifie la crise de transmission que connaissent les sociétés occidentales. Car la communication, conçue comme un certain modèle de rapports humains et non plus seulement comme l'acte de faire passer un message d'un émetteur à un récepteur, modifie en profondeur chaque strate de la société. De sorte qu'une jeunesse qui a grandi sous son ère, sans jamais connaître rien qui traduise un autre mode d'être au monde, n'a plus rien de commun avec les générations qui l'ont précédée. Depuis que la communication comme acte est passée de la technique à la technologie, et s'est transformée en « technologies de l'information et de la communication », elle a supplanté, et comme enterré la transmission. Car ce passage de la technique à la technologie – de la servante qui fait fonctionner les machines, au logos qui règne en maître – traduit l'émergence d'un processus qui se veut le nouveau modèle appelé à supplanter les modes de vie et comportements hérités.

La publicité est, de ce point de vue, bien plus qu'une fiction qui sert à créer le désir ; c'est l'image même de ce processus qui fait exister la société par le seul lien communicatif, en se substituant à toute autre forme de relation. En ce sens, les « technologies de l'information et de la communication » sont la marque explicite d'une fragmentation du lien social. Communiquer est le mode symboliquement privilégié des sociétés à « politique éclatée ». La publicité est devenue une forme symbolique, c'est-à-dire le paradigme de tout rapport humain, la forme la plus complète d'enfermement dans un monde virtuel qui prend le visage de la réalité, qui devient le réel. Un tautisme, selon le néologisme de Lucien Sfez, contraction de tautologie et autisme. Le langage publicitaire construit un univers autonome, avec ses propres catégories du vrai et du faux. Un univers qui n'a plus besoin du réel pour se déployer, puisqu'il ne fait référence qu'à lui-même. La télévision fonctionne d'ailleurs de plus en plus selon ce principe. Quand Thierry Ardisson ou Marc-Olivier Fogiel invitent sur leur plateau des présentateurs d'émissions télévisées pour commenter le monde de la télévision, ses guerres et ses haines, ils sont dans le discours sur le discours ; quand la télévision multiplie les émissions rétrospectives sur l'histoire de la télévision, elle crée une sorte de non-lieu parfaitement indépendant et vide de tout contenu.

Le langage publicitaire fonctionne avant tout par un appel à l'émotion, aux pulsions. Il s'agit de faire naître un besoin qui n'existait pas auparavant, et de créer le désir, non seulement de l'objet lui-même, mais, du fait de désirer cet objet, le désir du mode de vie qu'implique cette possession. La publicité est tautologique en ce qu'elle communique sur la société de communication en lui donnant le statut d'une évidence, d'un donné. Elle persuade que le rapport à l'autre qu'elle établit est le seul possible, à savoir une captation par les émotions et les pulsions. En cela, la communication est un virus. Elle colonise, elle étend son domaine. Elle est un être au monde. Le phénomène se traduit d'ailleurs par une modification progressive de l'objet même de la communication. Le marketing des entreprises n'est plus aujourd'hui fondé sur un discours comparatif, vantant les bienfaits d'un produit par rapport aux autres. Il affiche des valeurs, celles qu'est censée porter la marque du produit. Cette nouvelle démarche publicitaire fait appel à l'intimité du client, à son identité. Si vous vous reconnaissez dans ces valeurs, si ces concepts que nous mettons en avant vous plaisent, achetez ce produit. La communication tend donc à effacer la barrière de l'espace privé, pourtant essentielle à la constitution de l'espace public comme espace politique. Le discours sur les valeurs, tel qu'il ressort aujourd'hui, notamment en politique, est une variante du marketing d'entreprise. Valeurs non plus transmises et partagées mais affichées, valeurs étendards, pour compter son camp. Simple exemple : au lendemain de la réélection de George Bush, le 2 novembre 2004, *Le Monde* titrait sur la « révolution conservatrice » et dénonçait cette ignominie : le président américain avait gagné sur des « valeurs morales ». Association de mots qui porte en elle la dénonciation, tout en même temps, du fascisme, de la censure, de l'Opus dei et du retour à l'ordre moral. Et qui laisse croire que la proclamation de « valeurs » est forcément le monopole des conservateurs intégristes. Paradoxe, puisqu'elle est aussi la stratégie de vente des entreprises modernes et des champions du progressisme capitaliste. Disons simplement que la philosophie des Lumières qui imprégnait notre système politique et notre structure sociale faisait de l'instruction, et de la maîtrise par tous des outils intellectuels à l'origine du progrès, le viatique ralliant automatiquement le peuple aux valeurs qui avaient porté ce progrès, la liberté, l'égalité, la foi en l'homme. Notre époque actuelle s'imagine qu'il suffit de diffuser ces valeurs sans le savoir qui les a portées, et que l'affichage de ces valeurs est un blanc-seing, un passeport suffisant vers la modernité.

La mise en avant du moi est le corollaire du modèle communicationnel. L'identité n'existe qu'affichée, une identité qui n'est pas construite mais donnée. Quitte à se moquer délibérément du monde en fournissant au consommateur-jeune un « pack » identitaire formaté, un stéréotype dont on lui fera croire qu'il reflète son individualité, sa singularité. Il y a quelques années, une campagne publicitaire de la marque de chaussures de sport Reebook ne présentait même plus ladite chaussure, mais seulement le logo de la marque, appuyé de cet impératif : « Affiche le vector » (le logo en question). Le jeune est sommé de devenir lui-même instrument de la publicité de la marque. Formidable économie ! Et formidable entreprise de lobotomie pour en arriver là, à faire accepter l'abolition de soi dans une démarche d'affirmation identitaire. Tu te reconnais dans les valeurs portées par cette marque ? Tu veux les faire tiennes ? Deviens panneau publicitaire et entre dans la grande famille : rebelle par tes baskets, puissant et libre par ton pantalon, antiraciste par ton blouson et proche de la nature par ton T-shirt. Les jeunes qui n'ont vécu que dans un univers régi par les règles de la communication en ont intégré les impératifs : ils affichent. Ils portent leur identité en bandoulière ; ils annoncent la couleur de la cible marketing. Ils se montrent tels qu'ils croient être, entité immuable et pleine, et que rien, donc, ne peut venir compléter ou modifier, qu'aucune rencontre culturelle ne pourra détourner de la persévérance dans l'être-Reebook ou l'être-Nike.

Mais au-delà de la publicité et de la communication d'entreprise, ce sont tous les domaines de la pensée qui sont pollués. Nous l'avons vu, la langue elle-même se plie peu à peu aux impératifs de la communication publicitaire. La télévision est la première à cibler son public en s'adaptant au langage qui est censé être le sien. Mais elle n'est pas la seule. Le discours politique n'est aujourd'hui, dans sa forme même, qu'une des déclinaisons de la promotion commerciale. L'appauvrissement de la langue des hommes politiques est sans doute un des éléments les plus caractéristiques de cette dégradation du politique en spectacle, et de l'assimilation du citoyen à un consommateur[1]. « Pas plus de quatre cents mots de vocabulaire dans un discours politique, répètent à l'envi les conseillers en communication des candidats à telle ou telle élection. Au-delà, l'électeur ne comprendrait pas, et zapperait inévitablement. Car dans l'esprit de ces brillants conseillers, l'électeur, les « Français moyens », qu'ils n'ont jamais rencontrés que dans leur caricature par Canal + sous les traits des Deschiens, sont bornés et racistes, et leur principale occupation est de

1. Invité le 15 octobre 2004 sur France Inter à débattre de l'intérêt de l'ouverture économique de la Chine pour une éventuelle avancée de la démocratie et des droits de l'Homme dans ce pays, un journaliste de *L'Expansion* déclarait : « Si les consommateurs peuvent choisir leurs produits, on peut penser qu'ils voudront aussi pouvoir choisir leurs gouvernants. »

s'abrutir devant les émissions de téléachat. On leur parle donc par slogans, on « fait simple » pour qu'ils comprennent – ce que ne manquent pas de réclamer, voire d'exiger, les journalistes chargés des interviews –, qu'il comprennent ou plutôt qu'ils assimilent le discours et connaissent le « produit ». S'adresser à leur intelligence ? Impensable. Pour preuve, l'étonnante présidentielle de 2002, durant laquelle les sondages annonçaient que 64 % des Français ne voulaient pas d'un second tour Chirac-Jospin, mais que le second tour serait malgré tout, envers et contre tout, Chirac-Jospin. En l'absence du moindre débat, et ne sachant plus quoi inventer pour séduire l'électeur, l'un des candidats s'épanchait sur sa « passion », l'autre disait attendre le « désir » du public. Bien plus que le lien social, c'est le lien politique qui est attaqué par la généralisation de la vulgate communicationnelle.

Qui relirait les discours de Jaurès ou de Mendès, de Lamartine ou de Gambetta, saurait que la politique n'a pas toujours eu besoin de communication et que l'éloquence est un art des peuples libres. Qui écouterait les conférences de presse du général de Gaulle comprendrait ce que signifie respecter les citoyens, quand bien même il aurait prononcé la fameuse sentence « les Français sont des veaux ». « Un pouvoir insurrectionnel s'est établi en Algérie. Ce pouvoir a une apparence : un quarteron de généraux en retraite. Il a une réalité : une bande d'officiers ambitieux et fanatiques, au savoir-faire expéditif et limité, qui ne voient la Nation et le Monde qu'à travers le prisme déformant de leur frénésie. » Le rythme de ces phrases, les mots rares ou complexes, font de ce texte un exemple du beau parler, de tout ce que la communication a détruit. Bien sûr, on pourra critiquer cette éloquence qui cherche à impressionner, qui prend pour modèle les vieilles images d'Épinal des livres d'école [1]. Mais où est le mépris du peuple ? Dans ce langage mélodieux et châtié de l'éloquence française, ou dans les slogans simplistes inventés par quelques communicants pleins de morgue ? De Gaulle paternaliste (sachant que l'on peut et que l'on finit toujours par se révolter contre le père) ou Dominique Ambiel, conseiller en com de Jean-Pierre Raffarin ? « Et toi, mon cher vieux pays, nous voici donc encore une fois tous les deux face à une grande épreuve », ou « La route est droite mais la pente est forte » ?

Il suffit d'ailleurs de se livrer à une amusante étude comparative de deux textes historiques pour comprendre la différence entre l'éloquence politique, qui parle à l'intelligence, et la communication, qui parle à l'émotion. Ces deux textes ont été prononcés dans des circonstances exceptionnelles, à quelques jours d'intervalle. Il s'agit du discours de résignation du Maréchal Pétain et de l'Appel du 18 juin prononcé par de Gaulle.

1. Sur France Inter, le dimanche 12 décembre 2004, Jean-Claude Guillebaud, journaliste au *Nouvel Observateur*, exprimait d'ailleurs, à propos d'une réflexion sur ce que doit être une bonne émission de radio, sa détestation pour « l'éloquence » et le beau parler, qui rompraient la magie de « l'authenticité ». Le culte de la transparence, de l'adéquation à soi-même, est un corollaire essentiel du règne de la communication.

L'analyse du vocabulaire et des structures grammaticales des deux textes est révélatrice : quand celui du Maréchal Pétain fait appel à l'émotion, aux sentiments, au cœur, celui de de Gaulle s'appuie sur des liens logiques et un raisonnement suivi. « En ces heures douloureuses, je pense aux malheureux réfugiés, qui, dans un dénuement extrême, sillonnent nos routes. Je leur exprime ma compassion et ma sollicitude. C'est le cœur serré que je vous dis aujourd'hui qu'il faut cesser le combat. [...] Je fais à la France le don de ma personne. » Ainsi s'exprimait le Maréchal Pétain le 17 juin 1940, alors qu'il prenait ses fonctions de président du Conseil. Le vocabulaire joue sur le registre du pathétique, il cherche l'adhésion par l'empathie, flatte son sens du sacrifice. Le discours de de Gaulle n'a rien à voir : « Certes, nous avons été, nous sommes, submergés par la force mécanique, terrestre et aérienne, de l'ennemi. Infiniment plus que leur nombre, ce sont les chars, les avions, la tactique des Allemands qui nous font reculer. Ce sont les chars, les avions, la tactique des Allemands qui ont surpris nos chefs au point de les amener là où ils en sont aujourd'hui. Mais le dernier mot est-il dit ? L'espérance doit-elle disparaître ? La défaite est-elle définitive ? Non ! Croyez-moi, moi qui vous parle en connaissance de cause et vous dis que rien n'est perdu pour la France. Les mêmes moyens qui nous ont vaincus peuvent faire venir un jour la victoire. Car la France n'est pas seule ! Elle n'est pas seule ! Elle n'est pas seule ! Elle a un vaste Empire derrière elle. Elle peut faire bloc avec l'Empire britannique qui tient la mer et continue la lutte. Elle peut, comme l'Angleterre, utiliser sans limites l'immense industrie des États-Unis. » Le discours politique ne repose pas sur l'émotion mais sur l'analyse. Il manie les liens logiques, « certes », « mais », « car ». Il fait appel à la raison.

L'appel à l'émotion est la mort du politique au profit d'une forme d'oppression d'autant plus perverse qu'elle porte les habits rose bonbon de la bonne conscience. La communication est la mort de la pensée par la destruction des conditions mêmes de l'échange de pensée. Elle est l'arme de destruction massive qui a permis, à travers la faillite de l'école, l'avènement de la société du spectacle et la destruction de la logique. Des jeunes qui ont grandi dans un monde régi par les lois de la communication ont le cerveau formaté par ce type de constructions mentales. Et quand le PDG de TF1, Patrick Le Lay, déclare que le rôle de sa chaîne est de fournir « à Coca Cola du temps de cerveau humain disponible », il ne dit pas autre chose. Un antidote à cela ? Le patrimoine culturel, l'héritage de ces valeurs d'avant le règne des technologies de l'information et de la communication. Tout ce dont l'école, dans les sociétés modernes, a le monopole, et qu'elle se doit de remettre entre les mains des générations futures comme un don de leurs ancêtres.

Or l'école tend elle-même à adopter les modèles de la communication. Il s'agit de se vendre, de séduire, du côté de l'élève comme de celui du professeur. Lors du Grand Débat national sur l'avenir de l'école est apparue une des déclinaisons multiples de ce phénomène : l'attention obsessionnelle portée à la « motivation » des élèves. Pour motiver ce public rétif, il faut rendre agréable, « sexy », le contenu de l'enseignement. On ne part pas du principe que le savoir émancipe, et que l'élève, même s'il peine à apprendre, même si l'objet de l'apprentissage lui semble lointain, en comprendra plus tard l'intérêt, mais on estime que le professeur doit lui « vendre » le savoir. Enseignant et VRP chez Colgate, même combat. Regarde, mon enfant, comme ce que je t'apprends est utile, ou plaisant. C'est grâce à ce savoir que tu obtiendras un diplôme. La langue te sert pour écrire tes lettres de motivation, l'anglais est aujourd'hui indispensable. Et pour les sciences, il suffit de les rattacher à l'environnement quotidien. Aucune gratuité, bien sûr. Le savoir pour le savoir, comme la poésie parnassienne de l'art pour l'art, est passé de mode. Il faut du rentable. Évidemment, les mathématiques abstraites, l'histoire ancienne, la littérature, sont mauvaises coucheuses. Difficile de les loger dans ces cases. D'où leur éviction progressive, rendue nécessaire par le fait que l'élève-consommateur les refuse. Ça ne l'« intéresse » pas, ne le motive pas ? On le laisse zapper et l'on adapte le programme. Claude Allègre ne déclarait-il pas en 1999 que les cours de français au lycée devaient apprendre à « rédiger un CV ou une lettre de motivation ». Quant aux manuels scolaires de collège, ils intègrent ce qui plaît aux jeunes. Harry Potter remporte un triomphe ? On lui ouvre les manuels, non pas de primaire, ou de sixième, mais de quatrième ! Les classiques de la littérature de jeunesse peuvent dormir dans les greniers : puisque l'histoire du petit sorcier est la seule que les jeunes lisent, autant se faire croire que c'est l'école qui les y incite. Le public a toujours raison, c'est son choix. Face à l'élève-client-usager, il faut s'adapter ou mourir. Il faut ménager sa susceptibilité [1], s'intéresser à son « identité », à ce qu'il est ou croit être : pas de communication réussie sans une analyse de la cible.

L'élève lui-même est d'ailleurs fortement poussé à « faire sa pub ». Il doit s'exprimer, se mettre en avant, donner son opinion. C'est bien le sens de la loi d'orientation sur l'école de 1989, en particulier dans son article 10, concernant la liberté d'expression des élèves, et qui a servi de base à l'arrêt du Conseil d'État de 1992 jugeant que le port du voile islamique à l'école n'était pas contradictoire avec la laïcité. Au grand bazar des opinions, personne ne doit être lésé. Le dévelop-

1. Une fois encore, il n'est pas question de prétendre que les humiliations pratiquées par des vieux maîtres sadiques sont à remettre au goût du jour. Il fallait les abolir, parce que la transmission implique un rapport de confiance et de respect. Mais les consignes diffusées dans l'Éducation nationale, qui prescrivent aux enseignants de ne jamais inscrire sur les bulletins des remarques qui puissent « traumatiser » les élèves. « Aucun effort, travail insuffisant » est une remarque stigmatisante. L'auteur de ces lignes se souvient pourtant d'avoir eu sur une copie de philosophie l'appréciation suivante : « Devoir clair. Limpide, même. Il passe sur les problèmes comme l'eau sur les plumes du canard. » Loin d'en ressentir une humiliation ou un traumatisme, elle a fini par comprendre que l'on pouvait préserver ses convictions et sa ferveur tout en développant une pensée complexe et nuancée.

pement progressif des exercices de rédaction, et l'omniprésence des « sujets d'invention » au brevet des collèges, puis au baccalauréat, au détriment de la traditionnelle dissertation, vont dans ce sens. Bien entendu, l'évolution des programmes de français fut imposée par la nécessité. Arrivaient au collège puis au lycée les premières générations victimes du massacre de l'école primaire. Les tests d'évaluation d'entrée en sixième de l'année 1996 (correspondant à la génération entrée au CP en 1991, date de la mise en application de la loi d'orientation de 1989) avaient été catastrophiques. Ils furent modifiés, ainsi que le brevet en 2000 et le bac français en 2002, pour permettre à une classe d'âge dénuée de tout esprit logique et de toute capacité de raisonnement, privée de syntaxe et de vocabulaire, de ne pas devenir les preuves vivantes de l'échec du système. On maquille donc par de belles couleurs, par la spontanéité et la créativité de ces jeunes qui savent déjà tant de choses puisqu'ils regardent la télévision, la décrépitude de la raison.

La langue devient ainsi, à l'école comme ailleurs, un simple outil, et les exercices demandés aux élèves singent de plus en plus les situations d'échange verbal telles qu'elles apparaissent dans les médias. Le débat est devenu la forme reine, et les élèves sont jugés en fonction de leur capacité à « faire vivre » et à « mettre en avant leurs opinions. » En cela, le modèle de la communication est le modèle démocratique dans son développement ultime. Plus de hiérarchie des savoirs, tous les discours se valent et se confrontent dans un désordre qui les place sur un pied d'égalité. Ce qui transparaît dans les exemples choisis par les élèves pour appuyer leur discours : Jean-Pierre Foucault sur le même plan que Zola. La parole de ma voisine vaut celle d'un grand auteur. Et celle du professeur, cela va de soi. Puisqu'il s'agit de communiquer des opinions, d'étaler ce que l'on pense, c'est-à-dire ce que l'on croit. Fait significatif : en l'espace de dix ans, dissertations et devoirs de réflexion ont vu apparaître une entité jusqu'alors inconnue : le « je » omniprésent. Alors que les règles de la culture scolaire enseignaient le retrait du moi derrière les idées et les concepts, par l'usage du « nous » de modestie, ou de l'indéfini, l'élève est aujourd'hui incité à accumuler les « selon moi », « personnellement, je pense »... Avec des contradictions : tout n'est qu'opinion, mais l'opinion ne repose sur rien. Elle préexiste. Cours de culture générale à des étudiants de première année. À l'occasion de la loi interdisant les signes religieux à l'école, et alors que la période étudiée est celle des Lumières, quelques textes permettant de distinguer tolérance, laïcité et liberté de conscience. Les étudiants rechignent : ils jugent les textes trop compliqués. « Mais comment voulez-vous comprendre le débat actuel si vous n'en connaissez pas les références intellectuelles et historiques ? » leur demande le professeur. « On n'a pas besoin de tout ça. On se base sur les faits. » Le culte des « faits bruts », hors de toute réflexion, de tout recul, est une des variantes de cette vénération pour la transparence et l'affichage. Il y aurait une vérité en soi du fait, qui dispenserait de l'analyse et des références. Il y aurait une forme d'évidence dans la lecture du monde qui permettrait d'oublier que ce monde n'existe qu'en tant qu'il est médiatisé par les idées, par l'interprétation. On croit pouvoir entrer en se passant des clefs.

Le règne de l'opinion est celui de l'obscurantisme, et le devenir communicationnel du monde en est le principal instrument. Les jeunes générations, elles, en sont les petits soldats disciplinés, dressés par une institution scolaire en dérive à suivre l'air du temps et le prêt-à-penser. Tout cela bien entendu au nom de l'esprit critique et de la citoyenneté, puisque le règne du débat dans l'enceinte scolaire est censé mimer l'exercice démocratique, réduit à sa dimension de café du commerce télévisuel : ça se discute en classe. Par sa forme même, la communication devenue technologie interdit ce qui est au fondement de la République française et de la constitution de son espace politique : la transmission. En enfermant le jeune dans son identité devenue fixe, elle interdit le travail de fermentation de la connaissance.

Car cette différence entre transmission et communication est au cœur du problème. Elle permet de comprendre pourquoi la société moderne est intrinsèquement incapable de pérenniser l'héritage issu de plusieurs millénaires. Dans son livre *Transmettre*[1], Régis Debray dresse d'emblée un portrait des deux processus qui montre que la communication est la négation et la destruction de la transmission. Une société communicante, c'est-à-dire fondée dans ses principes mêmes sur le rapport communicationnel, ne peut transmettre quoi que ce soit. Question de temps, comme nous l'avons déjà vu : la transmission implique la lenteur, la communication est de l'ordre de l'instantané, de l'immédiat, et joue sur la réduction de l'espace. Question de réception, surtout : la communication implique l'intégrité du récepteur, qui est l'égal de l'émetteur. La transmission opère une modification du récepteur, elle l'amène à quelque chose. En cela, elle est un acte politique et non technique. « Pour communiquer, il suffit d'intéresser, écrit Régis Debray. Pour bien transmettre, il faut transformer, sinon convertir. » L'acte de transmettre est un acte de bâtisseur. Qui peut – c'est tout le problème – apparaître comme totalement contraire à l'idéologie démocratique, alors même qu'il est la condition de l'idéal démocratique. La communication fait circuler l'information dans un réseau uniforme, composé d'individus, la transmission part d'une instance transmettrice qui agit sur autrui, au nom d'une légitimité collective, au nom de ce besoin de perpétuer ses codes, ses valeurs, ses récits, pour continuer à exister en tant que collectivité. Fascisme ?

1. Régis Debray, *Transmettre*, éd. Odile Jacob, 1997. Le concept de « médiologie » forgé par Régis Debray se veut justement un outil pour penser le phénomène de la transmission entre les hommes des idées, des symboles ou des croyances.

Atteinte aux libertés ? Non, mais refus de sacrifier ce qui est à ce qui sera, de croire que l'état actuel est une identité figée, qu'il faut en cela sacraliser, et priver de l'identité future, celle augmentée par la transmission. Refus de s'adapter au public, au nom de sa liberté et de ses goûts. Refus de croire que l'enfant qui regarde aujourd'hui la Star Académy est condamné à ne jamais lire Victor Hugo.

D'autant que l'acte de transmettre est un acte libre et libérateur, en aucun cas un acte neutre et mécanique. Car le résultat de cette transmission n'est jamais assuré, et il modifie le message lui-même, voire celui qui le porte. Transmettre est une création permanente, et un acte de libération. Communiquer est un acte figé et spontané, sans démarche délibérée. Un échange plutôt qu'un partage. Celui qui transmet est lui-même transformé par ce qui est bien plus qu'une technique, une expérience. L'erreur fondamentale est de croire que parce qu'elle impose un contenu qui modifie le récepteur, la transmission aliène, et qu'au contraire, les « nouvelles technologies de l'information et de la communication » introduites dans l'enseignement, et partout où il y avait autrefois transmission, seraient libératrices, puisqu'elles mettent « l'information brute » – dont on oublie qu'elle est déjà un artefact – à disposition de tous. Erreur fondamentale dans la mesure où le flot d'informations qui circule sur Internet et dans les médias n'est réellement accessible, c'est-à-dire synthétisable et compréhensible, que par ceux dont le cerveau a été au préalable formé, préparé au traitement de ces information par l'intégration de références, de modèles auxquels les confronter. Mais nécessité fait loi, et notre monde fait avec ses moyens : pour assurer leur cohésion, les sociétés à mémoire se servent de l'histoire, les sociétés sans mémoire se servent de la communication. Puisqu'il y a eu détournement d'héritage, il faut bien affronter la pénurie.

La jeunesse barbare de l'ère Internet a été flouée par ses pères. Au nom de l'égalité et de la liberté, les jeunes gens de ce monde sans passé sont sommés de devenir les vecteur de la communication, de participer à la grande circulation du vide. Il doivent afficher pour exister, et consommer pour s'intégrer. On leur sert le vocabulaire des Lumières, la citoyenneté, la démocratie, l'esprit critique, mais détaché de son socle de connaissances. Comme si, des trente-cinq volumes de l'*Encyclopédie*, on n'avait retenu que la préface, et nullement la somme de savoirs accumulée pour être mise à la portée du peuple. La génération précédente, elle-même révoltée contre ses pères, ne leur a pas donné l'éducation qui permet la révolte, parce qu'elle permet le choix. Un professeur de philosophie exprimait ainsi le désastre : « Les jeunes débattent, ils communiquent, mais sur du vent. On leur a donné la parole, sans leur donner les mots. »

7.

De la dénégation élevée au rang d'art poétique

« À l'occasion du Premier de l'an 2001, un responsable de l'État expose les raisons que l'on peut avoir d'espérer en un monde meilleur. Rédigez son discours. » Tel était le sujet proposé aux épreuves anticipées de français du baccalauréat en 2001. Un catéchisme béat pour célébrer le monde comme il va, et proclamer le bonheur d'avoir atteint le stade ultime de l'humanité : le barbare communicant, le Cro-magnon technologisé. Ceux qui y trouveront un côté « meilleur des mondes » sont de mauvais coucheurs. Et ceux qui constateraient que les jeunes gens qui avaient à rédiger cette apologie de la contemporanéité servile l'ont fait dans une langue approximative, et une pauvreté de références confondantes, mériteraient le camp de redressement pour oser concevoir de si négatives pensées. L'apocalypse joyeuse est le mot d'ordre. L'art de clamer que tout va bien et que tout ira mieux encore. Voilà l'euphorie élevée au rang d'idéologie. Les dégâts sont pourtant visibles. Chaque jour, des pans entiers du patrimoine culturel disparaissent dans les limbes, chaque jour, c'est une nouvelle référence qui s'efface, un nouveau texte ou un nouveau tableau que les jeunes ne comprendront plus, une nouvelle expression qu'ils n'emploieront plus, un nouveau concept philosophique dont ils ne percevront plus la force et les nuances. La peinture d'inspiration biblique et antique est morte. « Tomber de Charybde en Scylla » ou « franchir le Rubicon » ne veulent plus rien dire. Penser librement n'est plus qu'une façon de signifier la liberté d'exprimer une pensée creuse. Même les citations latines, les allusions à *Cyrano de Bergerac* ou à d'autres œuvres populaires, semées au fil des cases des bandes dessinées d'*Astérix* sont devenues incompréhensibles aux jeunes générations. Il serait pourtant acrobatique d'aller jusqu'à faire d'*Astérix* un fleuron de la culture élitiste et l'apanage des classes dominantes. Mais celui qui oserait tenir ce genre de propos est immédiatement classé dans les rétrogrades, les amoureux du retour en arrière, les nostalgiques de la société inégalitaire. Il essuie en général une réplique sans appel, un « on ne peut pas dire ça » réprobateur et indigné, qui signifie à qui sait l'interpréter : « Qu'importe que ce que vous dites soit vrai ou faux, et d'ailleurs je ne prends même pas la peine de le réfuter. C'est tout simplement indicible, frappé d'un interdit sacré. »

Pourquoi une telle persévérance dans la cécité ? Pourquoi un tel acharnement à faire taire les voix dissidentes ? Le procès en ringardisme est l'arme la plus efficace qui soit contre les quelques têtes brûlées qui auraient l'outrecuidance de mettre en doute le dogme officiel, à savoir que la société que nous construisons est la meilleure qui soit, la plus heureuse qu'ait connue l'humanité. Au point qu'il est devenu nécessaire, dans tout article de toute revue sérieuse, et particulièrement quand il s'agit de parler d'enfance et d'éducation, de commencer par les précautions d'usage : « [ceci] devrait nous permettre d'éviter aussi bien le mirage des lendemains qui chantent que l'illusion pessimiste de ceux qui voient dans ce changement le signe de notre décadence. Nous pensons en effet qu'optimisme et pessimisme sont aujourd'hui deux belvédères cyclopéens qui restent en deçà des enjeux que nous avons à prendre en compte[1]. » Tout est dit. Et celui qui dresserait un bilan négatif de l'époque, non par masochisme pessimiste ou par peur de la « décadence », mais par lucidité, est par avance disqualifié, relégué « en deçà des enjeux ».

Qu'une époque célèbre ses vertus, qu'elle se proclame un accomplissement parfait, rien là d'étonnant. Mais qu'il soit interdit, et d'emblée prévenu par les mises en garde du discours officiel, d'émettre le moindre doute résulte d'un processus particulièrement efficace d'absorption de la critique. La première étape apparaît dans le renversement symbolique des catégories de la majorité

1. Jean-Pierre Lebrun, « Des incidences de la mutation du lien social sur l'éducation » ; *Le Débat*, n° 132, novembre-décembre 2004.

et de la minorité. La figure héroïque est celle du rebelle, celle de David contre Goliath, du petit se battant contre les puissants. Dans une démocratie qui commence paradoxalement à considérer la majorité comme toujours écrasante – au point de multiplier les lois visant à « protéger » les minorités – le camp du Bien doit se maintenir dans une lutte permanente contre les ennemis du progrès, des lumières et de la liberté. Ce qui aboutit à des situations parfois comiques. Alors que, depuis plus de vingt ans, toutes les réformes de l'Éducation nationale vont dans le sens d'une transformation de l'école en « lieu de vie », d'un démantèlement des disciplines traditionnelles, d'un abandon total de toute rigueur et de toute exigence, Philippe Meirieu ou Gabriel Cohn-Bendit arpentent les plateaux de télévision et se répandent dans les médias pour déplorer les « pesanteurs du système » et se plaindre qu'ils se heurtent à l'immobilisme de la majorité[1]. Le combat qu'ils livrent pour la modernité devient une vocation quasi religieuse, tant les forces du mal et de la réaction sont une hydre dont les têtes ne cessent de repousser. L'arme contre ce monstre ? La culpabilisation. Qui n'est pas dans le camp du Bien soutient le Mal, et se voit rejeté parmi les complices de la colonisation, de l'esclavage ou de l'extermination des Juifs. Arguments

1. Ce rapport entre minorité et majorité cultive en fait le paradoxe : la majorité est vécue comme oppressante face à des minorités toujours défavorisées et maltraitées. Mais c'est au nom de la majorité – qui n'est plus tout à fait la même – qu'il faut interdire l'émergence d'une quelconque élite, et qu'il faut niveler, raboter, aplanir.

redoutables, dans une société qui se veut sans interdits, et les rend donc d'autant plus prégnants qu'ils sont intériorisés. Les vieux jeunes, ces défenseurs du Bien, de la jeunesse et de la modernité, ont inventé, pour la cause, le totalitarisme soft, la nouvelle morale religieuse : une servitude volontaire par la peur de l'Enfer, l'angoisse d'appartenir au clan honni des réactionnaires. « On ne peut pas dire ça » signifie avant tout « je dois m'empêcher de le penser ».

Cependant, sous cet apparent volontarisme chevaleresque des défenseurs de l'égalité et de la justice se cache une soumission au monde comme il va. La destruction des anciennes sociabilités et des institutions chargées de la transmission, l'avènement d'une société publicitaire et de réseaux vides : puisque tout cela arrive, tout cela est bien. La modernité est fataliste. Si la marche du monde implique l'abandon de tout un patrimoine culturel, mais aussi intellectuel, sensoriel ou artistique, le mépris de tout ce qui a fait l'existence des centaines de générations qui nous ont précédés, qu'importe : de toute façon, personne n'y peut rien, personne n'est responsable. Les sociologues parleraient de procès sans sujet. Pas de volonté, pas d'entité décisionnaire, le système s'engendre lui-même. Les lamentations sincères et impuissantes des parents d'adolescents qui « ne lisent pas » en sont malheureusement la plus fréquente illustration. La faute de la télévision, des jeux vidéo, de la société ! Mais la télévision n'est pas responsable non plus : elle suit le goût du public, qui réclame ce qu'il y a de pire. Quant aux téléspectateurs qui se plaignent de la médiocrité des programmes, ils semblent même oublier parfois qu'ils ont le choix d'éteindre leur poste. Et l'enseignant qui consacre ses cours à analyser des publicités ou décrypter des images, quand les jeunes en sont déjà saturés, a le sentiment de remplir un rôle indispensable en donnant à ses élèves l'esprit critique qui leur manque, sans se rendre compte qu'il le fait à l'intérieur même du système, en en utilisant les codes et le langage, en en pérennisant la prédominance. La société du divertissement a remporté la bataille, et le dogme interdit même de le déplorer, ou d'imaginer qu'il eût pu en être autrement. Tout au plus peut-on le constater, l'analyser doctement dans quelques revues savantes.

Mais dans un monde où le politique a déserté, où le débat sur la chose publique est inacceptable, les conflits se manifestent sous une autre forme, plus sourde et plus violente, et contournent leur objet véritable. La crise de la transmission ne se joue pas seulement à l'école. Et croire que celle-ci pourrait, seule et contre tout, la résoudre, est une utopie. C'est en tout cas l'erreur la plus généralement commise, et dont la conséquence est d'empiler des réformes inutiles et à courte vue. Légiférer sur l'école en occultant le lien entre le dogme de la société communicante et l'impossibilité de transmettre, entre l'obsession utilitariste et l'oubli de l'inutile essentiel, c'est passer à côté du problème, et gâcher de nouvelles cartouches.

La nouvelle loi d'orientation sur l'école a tranché : les quinze années à venir seront elles aussi sacrifiées. Et nous choisissons de poursuivre cette marche obstinée vers la destruction de toute possibilité pour un professeur d'enseigner quoi que ce soit, quelles que soient ses qualités propres et sa bonne volonté. Puisqu'il est impensable de s'opposer à l'air du temps, éliminons toute force de frottement, qui ralentirait le vent du progrès. Voilà justement la cause du malaise enseignant qui fragilise l'école et donne le sentiment d'une crise permanente.

Dans une société qui a cessé de transmettre, et qui s'est débarrassée peu à peu de toutes les institutions dont c'était le rôle, les enseignants, en tant que corps professionnel, sont les seuls à conserver comme fonction et comme raison d'être la préservation de l'héritage culturel pour le bien et l'édification des générations à venir. Beaucoup de citoyens, une majorité peut-être – de cette majorité odieuse mais heureusement silencieuse et culpabilisée – gardent une certaine déférence pour ce que leur ont légué leurs ancêtres, et regrettent de ne pouvoir à leur tour perpétuer ce savoir civilisationnel. Les parents qui sentent plus ou moins confusément que leurs enfants en savent moins qu'eux – même si l'on a pu leur faire croire que manier un ordinateur valait tout le reste – pensent n'avoir pas les moyens de s'opposer à l'inéluctable. Ils déplorent, mais ils acceptent. Les enseignants, eux, n'ont pas d'autre rôle social que la transmission ; et nous le leur interdisons. Vivre dans un monde qui leur exprime chaque jour son mépris pour les savoirs, la culture, les valeurs et les codes comportementaux du passé est une négation permanente de ce qu'ils sont. Et même ceux qui se sont persuadés que leur rôle « ne peut se limiter à la simple transmission des connaissances », comme le leur rappelait le rapport Thélot (ce qui sous-entend premièrement que transmettre des connaissances est simple, et deuxièmement, qu'il existe une mission beaucoup plus noble pour les enseignants), ont inconsciemment l'idée qu'ils ont scié la branche sur laquelle ils étaient assis. Les manifestations du printemps 2003, contre la décentralisation et la réforme des retraites, en ont fourni par leur violence l'illustration parfaite. On y vit fleurir des slogans qui avaient bien peu en commun avec les préoccupations du moment : « L'école n'est pas une marchandise », criaient des profs incapables de faire comprendre à l'opinion la nature exacte de leur mécontentement. Et pour cause : eux-mêmes auraient été bien en peine de l'expliquer autrement que par des questions de budget et de statuts [1]. Ils en étaient donc réduits à des actions symboliques comme de bloquer le baccalauréat ou de s'enchaîner aux grilles des lycées, attitudes qui, par elles-mêmes, les éloignaient un peu plus encore de leur raison d'être.

1. Le secrétaire général d'un des principaux syndicats d'enseignants nous confiait un jour à titre officieux qu'il savait pertinemment que les revendications de son syndicat concernant les budgets et les statuts n'étaient que les leurres qui ne régleraient absolument pas les problèmes de l'école. « Mais les enseignants sont tellement divisés, avouait-il, que si nous abordons les vrais problèmes, c'est-à-dire les méthodes d'enseignement et les choix pédagogiques, le syndicat explose. »

Quoi d'étonnant ? Il n'est rien de plus difficile que d'affronter ses propres erreurs. Et dans la dénégation systématique pratiquée par nombre d'enseignants, comme par la plupart des décideurs et des politiques, sur l'état de l'institution scolaire et, plus largement, sur le gouffre de plus en plus insondable qui sépare les jeunes générations de leurs racines culturelles, il y a le refus catégorique de renier les choix passés. Le modèle de l'entreprise impose des « audits » sur tout et n'importe quoi, sauf sur les choix de société majeurs. Les enseignants sont sans doute les premiers à sentir que la destruction de l'institution scolaire n'est pas seulement le fruit de la marche du temps ; que c'est aussi de l'intérieur que la citadelle s'est effondrée. Certes, le discours est rodé : l'école n'est pas un sanctuaire, elle est un lieu de vie, ouvert sur la société, et qui en recueille donc toutes les misères, toutes les tensions. Soit. Mais qui en a ouvert les portes ? L'école n'est pas un sanctuaire parce qu'il a été décidé qu'elle ne devait surtout pas l'être, qu'elle devait s'adapter au monde moderne et à ses exigences. L'école ne parvient pas à offrir aux jeunes la culture, les valeurs qui leurs donneraient l'impression de vivre dans un monde commun, parce qu'il a été décidé qu'elle ne devait pas transmettre les savoirs qui portent ces valeurs. Ce que l'on nous présente comme une cause est en fait une conséquence, le résultat d'un choix idéologique délibéré. L'école, c'est vrai, ne peut pas lutter seule. Mais en l'occurrence, elle ne lutte pas du tout. Elle contribue même – comme nous l'avons exposé dans les chapitres précédents – à accentuer avec une ferveur remarquable le problème. Phénomène significatif s'il en est : dans l'institution scolaire plus encore qu'ailleurs, une génération a usé de son droit d'inventaire culturel, a estimé que l'héritage ne valait rien, et ne parvient pas à admettre aujourd'hui que ses fils en payent les conséquences.

Le malaise de l'institution scolaire ne naît pas que de l'obligation qui lui est faite d'assumer les maux d'une société traversée par la crise économique, le chômage et la ghettoïsation des banlieues. Il prend sa source dans la diffusion – et la simplification à outrance – depuis les années 30, des travaux de psychologues et pédagogues qui ont voulu appliquer à l'école les résultats de leurs recherches sur le développement cognitif de l'enfant. Il naît ensuite des réformes poursuivies depuis plus de vingt ans par ceux qui, au nom du progrès et de l'égalité, ont décidé de mettre à bas l'héritage de siècles d'histoire, jusque-là plus ou moins bien diffusé à travers cet instrument qu'était la culture scolaire. Une génération, celle des années 60-70, a estimé avec Pierre Bourdieu que le patrimoine culturel transmis entre autres par l'école n'était qu'un moyen pour les classes dominantes d'imposer leurs codes et d'assurer leur emprise. Elle a également considéré, dans la lignée d'un Jean-Jacques Rousseau mal compris et de psychopédagogues mal lus, que la spontanéité de l'enfant ne devait pas être détruite et bridée par un savoir venu de l'extérieur, mais qu'il devait le reconstruire lui-même et, à sa petite échelle, refaire le parcours des scientifiques, des mathématiciens et des historiens[1]. Vaste programme. Ces belles idées, qui se sont développées à une vitesse vertigineuse dans le milieu éducatif au cours des années 70, sont arrivées au pouvoir au début des années 80. Elles représentaient le progrès, l'émancipation. Il fallait donc y adhérer quand on était de gauche. Et les enseignants le sont majoritairement. Ils ont applaudi, leurs syndicats ont soutenu. Et la loi d'orientation de 1989 n'a fait qu'inscrire dans le marbre ce qui déjà occupait toutes les strates de l'Éducation nationale. En fondant les Instituts universitaires de formation des maîtres, elle créait la machine à pérenniser ces idées : des centres d'éducation pour jeunes enseignants récalcitrants. Il s'agissait de former la nouvelle armée qui allait supplanter les vieux hussards noirs, les jeunes gardes rouges capables de donner naissance à une école nouvelle, débarrassée de ses vieux savoirs. Dans les IUFM, les futurs professeurs apprennent qu'ils ne sont pas là pour imposer leurs connaissances aux élèves, et qu'ils « ont autant à apprendre d'eux qu'eux de nous ». Ils apprennent surtout à perpétuer à leur tour le mythe de la réussite du système, à maquiller

1. Le programme « La main à la pâte » soutenu par le prix Nobel Georges Charpak, et par France Info, *Libération...* en est un exemple sympathique : il s'agit d'initier les élèves des écoles primaires aux sciences en leur faisant découvrir eux-mêmes les savoirs par des expériences. On part du principe, bien sûr, que tous les enfants ont la capacité d'induction d'un prix Nobel de physique, et que le temps passé à ces expériences laissera dans le souvenir des enfants bien plus que les images folkloriques de manipulations diverses et ludiques. Ce qui a le mérite de l'optimisme.

l'échec en adaptant leurs exigences aux « compétences » des jeunes, bref, à collaborer à la destruction de leur propre profession et à préparer leur reconversion en gentils animateurs.

La dénégation est un art qui se pratique en chœur. Et qui nécessite de déployer une énergie considérable pour persister à ne pas voir ce qui pourtant saute aux yeux. À savoir que l'aboutissement de ces réformes, qui entendaient « démocratiser » l'école et faire de l'institution scolaire le lieu où se compenseraient les inégalités sociales, est l'exact inverse du but recherché. Parce que l'école ne transmet plus les savoirs et la culture, elle ne sert plus qu'à fournir des diplômes vides, mais donnant accès au marché du travail, et laisse se développer des filières d'élite sclérosées, de plus en plus réservées aux héritiers tant décriés par Bourdieu. Parce qu'elle a abandonné ses missions, elle fabrique des générations d'illettrés qui n'ont aucune chance d'accéder à de meilleures conditions de vie. Parce qu'elle veut former de « bons citoyens » plutôt que des hommes libres, elle enferme les jeunes dans un catéchisme démocratique et bien-pensant, confit d'antiracisme et de repentance, mais leur interdit de comprendre les raisons philosophiques de rejeter le racisme ou de choisir la démocratie. Et l'acharnement à défendre le bilan prend parfois des allures de pèlerinage à Lourdes : quand l'OCDE publie son rapport PISA 2004, sur les performances comparées des élèves des différents pays développés, révélant ainsi la dégradation du niveau des jeunes Français, la traduction officielle est aussitôt que la France n'est pas encore allée assez loin dans le démantèlement de son système scolaire, et que quelques mesures de « modernisation » (interdisciplinarité, interdiction du redoublement...) seraient à prescrire. Toute une génération d'enseignants s'est faite la complice malgré elle de ce qu'elle croyait combattre, l'inégalité, l'exploitation et l'ignorance.

À qui profite le crime ? Pourquoi est-il si nécessaire de maintenir l'illusion d'un système qui fonctionne, et d'une jeunesse conquérante, quand tout esprit lucide constate qu'elle n'est que consommante ? L'aveuglement de ces enseignants qui cautionnent la dérive, de ces parents qui calment leurs angoisses en acceptant l'idée qu'après tout, puisqu'on leur dit que les jeunes sont formidables et qu'ils sont des vieux cons, c'est que ça doit être vrai, le discours des médias et des politiques qui tentent de prolonger l'euphorie en brandissant l'étendard d'une modernité sans projet : autant de bûches ajoutées au foyer pour que la machine ne s'arrête pas. Fabriquer de gentils moutons consommateurs et béats est une tentation somme toute compréhensible. Le système capitaliste n'a pas forcément besoin d'une population éduquée pour perdurer. Il lui suffit de se concevoir une main-d'œuvre adaptable, répondant aux besoins de la machine économique, et prête à consommer le trop-plein de production grâce aux injonctions de la publicité. C'est la première étape du processus de dégradation des sociétés occidentales. Jean-Claude Michéa la dénonçait déjà en 1999 dans *L'Enseignement de l'ignorance et ses conditions modernes*[1]. Il démontrait alors avec une implacable lucidité comment le tittytainment – cette invention qui désigne « un cocktail de divertissement abrutissant et d'alimentation suffisante permettant de maintenir de bonne humeur la population frustrée de la planète » – est devenu l'arme de destruction massive des élites mondialisées pour maintenir à disposition une classe de consommateurs-producteurs soumis et ravis. Pour eux, on élabore le mythe de la démocratisation du système scolaire, ce qui implique évidemment que les associations de parents d'élèves se mobilisent pour réclamer que l'école distribue toujours plus de diplômes et de bons points, et qu'elle s'adapte aux exigences du monde moderne et de ses entreprises. Dans ce système, il faut un leurre, un chiffon rouge à agiter quand la crise devient impossible à nier, quand certains commencent à douter : les jeunes des banlieues, confinés dans leurs ghettos et condamnés à l'enfermement, jouent donc le rôle de soupape. Bien sûr qu'il y a une crise de la transmission, de l'école, de la jeunesse. Mais uniquement dans les collèges et lycées de banlieue. Et les débats, les réformes, devront donc se tourner essentiellement vers ces « jeunes en grande difficulté », qui concentrent toute l'attention, tous les efforts, et qui ont l'avantage de réclamer des « pédagogies différenciées », de l'hétérogénéité, et la suppression des

1. Climats, 1999.

vieux savoirs disciplinaires. Les « jeunes en grande difficulté » sont le cheval de Troie des massacreurs scrupuleux de la transmission, ceux au nom desquels on sacrifiera sans ciller les élèves brillants et les élèves tout simplement normaux. *Libération* ou *Le Monde* ont parfaitement intégré ce message, qu'ils relaient benoîtement. Et qui permet de poursuivre l'ouvrage. Dans les établissements difficiles, mort aux jeunes travailleurs et intelligents. Le temps où les instituteurs de la République repéraient et accompagnaient les meilleurs élèves pour les tirer de leur milieu a laissé place à un égalitarisme qui broie les plus motivés et les renvoie définitivement à leurs origines sociales[1]. La « méritocratie », qui devrait impliquer des classes de niveau dans des établissements à la population hétérogène, a laissé la place à des lycées ghettos, où une population homogène s'enfonce irrémédiablement. Le tout dans la bonne conscience générale, puisque tout cela est fait au nom des plus faibles. Pas grave. Les inventions de l'industrie du spectacle ont remplacé auprès des classes moyennes et populaires la méritocratie : la Star Académy est à la réussite scolaire ce que le Loto est à la réussite financière, l'obole d'un rêve mirobolant offert à un veinard dont le rôle consiste à perpétuer les espoirs des millions de malchanceux.

1. L'auteur de ces lignes, ayant utilisé, dans un lycée difficile, les heures de « remédiation » (retirées par la loi Allègre aux heures de toute la classe) autant pour préparer les meilleurs élèves aux années suivantes que pour soutenir les moins bons, s'était vu réprimander sous prétexte que « les meilleurs élèves n'avaient pas besoin de soutien » et que cela « détournait l'esprit de la loi ». Qui elle-même avait détourné l'esprit de l'école républicaine.

Mais en l'occurrence, la théorie du complot ne tient pas, ou plutôt, l'histoire aime pratiquer l'ironie. Et c'est la deuxième étape du processus. Car si la sécession des élites est indéniable, elle est loin d'aboutir au résultat escompté. Certes, il reste des filières dites d'excellence où les enfants de la classe bourgeoise, futurs diplomates, lobbyistes européens ou journalistes, se retrouvent pour acquérir le sentiment de leur appartenance à la caste des seigneurs, et pour se féliciter de ne pas faire partie de la masse [1]. Certes, il est évident que la paupérisation intellectuelle d'une part croissante de la jeunesse n'émeut pas outre mesure ceux dont le principal objectif est la réalisation de la « grande révolution culturelle libérale-libertaire ». De sorte qu'au jeu de l'hypocrisie autosatisfaite, ils croient pouvoir prêcher sans risques la poursuite du traitement ; leurs enfants sont à l'abri dans de bonnes institutions. Mais quand un étudiant de Sciences Po peut écrire dans une copie que « la rumeur se répand par le bouche à bouche », on se demande s'il est nécessaire que les enseignants de ce temple de la reproduction sociale répètent chaque jour à leurs élèves qu'ils sont « l'élite de la France ». Les chantres de la société communicante et mondialisée, parce qu'ils n'ont eux-mêmes que mépris pour les vieilleries inutiles que sont les richesses

1. Un coup d'œil sur les programmes de Sciences Po, de la suppression de la chaire magistrale d'histoire en 2002 à la disparition progressive de la philosophie politique, suffira à se convaincre qu'une école peut conserver auprès des élites un prestige immense, et ouvrir les portes de n'importe quel milieu professionnel, tout en renonçant peu à peu à l'excellence de son enseignement.

culturelles et civilisationnelles, ont été incapables de donner à leurs enfants l'éducation nécessaire à la constitution d'une authentique élite. Le nivellement s'est finalement opéré de manière démocratique, puisqu'il touche les fils de l'intelligentsia, dont il va bientôt falloir changer le nom, devenu impropre. Et la Star Académy devient l'horizon des enfants de la bourgeoisie, autant que des enfants du peuple. Les filles de ministre défilent comme mannequins. La fracture sociale se résout dans le rêve commun à toute une société de danser sur un plateau de télévision. Ce soir, il y a bal sur le pont du *Titanic*.

8.

Du suicide collectif comme projet de société

« Nous autres, civilisations, nous savons maintenant que nous sommes mortelles. » La phrase de Paul Valéry sonne comme un avertissement. Attention, l'édifice est fragile, il suffirait d'un souffle pour qu'il s'effondre. Un souffle ? Et nous nous employons méthodiquement à saper les fondations, à attaquer les murs porteurs. En gommant la chronologie, le recul, la conscience des siècles passés, nous avons fabriqué des jeunes sans-mémoire, persuadés que le présent est immuable, puisque le temps ne leur est qu'une succession d'instants. L'Empire bâti dans leur tête doit durer mille ans. Et de même que la science a désormais pour but d'assurer l'immortalité, la mort de la politique maintient l'illusion de l'éternité du système. Oui, le constat est sévère. Mais pour en bien comprendre la portée, encore nous faut-il accepter qu'une civilisation ne meurt que de délitement. L'Orsenna du *Rivage des Syrtes* mourait de vieillissement, attendant les barbares extérieurs qui arriveraient de la mer pour la régénérer. Notre monde a produit ses barbares, non plus régénérateurs, ni destructeurs, mais porteurs dans leur être même de la négation de toute vie sociale. Il l'a fait en conscience, au nom d'idéologies parfois généreuses, mais dont les fondements étaient toujours les mêmes : une foi en le progrès qui ne se développe que dans le mépris des sagesses et des savoirs anciens, le rêve de fonder ce qui sera sur la destruction de ce qui était.

Nous avons fait le choix de l'utilitarisme à courte vue. Fort bien. Nous avons estimé que la modernité capitaliste et sa compétition économique méritaient qu'on leur sacrifie une civilisation. Soit. Mais savons-nous bien que, même d'un point de vue purement utilitaire, notre choix est le mauvais ? Avons-nous bien compris que la machine économique à laquelle nous tenons tant ne peut que se gripper si nous abandonnons notre jeunesse au déracinement culturel ? Autant le dire sans ambages, nous allons vers le sous-développement. Nous offrons à notre jeunesse une technologie et des conditions d'existence infiniment avancées, mais nous avons décidé de ne plus leur apporter la formation de l'esprit et de ne plus leur transmettre les valeurs et les références qui ont permis l'émergence et le développement de ces richesses. Il est partout dans le monde des civilisations qui ont su recueillir les fruits de notre cher progrès et faire leurs nos innovations technologiques, de sociétés qui ont su en quelques décennies nous rattraper et même nous devancer.

La Chine investit massivement dans la formation scientifique, et ses étudiants s'exportent dans le monde entier, accueillis à bras ouverts par les universités et les grandes entreprises occidentales. L'Inde est déjà le centre névralgique du développement de l'électronique et des technologies de pointe. Pendant ce temps, nous formons des staracadémiciens, nous « épanouissons » les jeunes en leur faisant réaliser des dossiers sur les hippies ou les rastas. Ce qui s'appelle être à la hauteur des enjeux. Les mathématiciens et physiciens qui ont tenté, dans leur rapport sur « Les savoirs fondamentaux », d'alerter l'opinion par leur réflexion sur l'enseignement des sciences ne dressent pas un constat différent. Nous avons conçu un système dans lequel la seule instance de transmission, l'école, détruit à la base et dès le plus jeune âge les capacités de compréhension, de synthèse et d'innovation. Sans avoir bien sûr la force d'attraction des États-Unis, qui compensent un enseignement primaire et secondaire désastreux et producteur de gentils téléspectateurs amorphes par un enseignement supérieur capable d'absorber la matière grise mondiale et d'offrir à qui le veut les moyens de poursuivre des recherches. Est-il nécessaire de rappeler que la France est un des pays de l'OCDE qui dépense le plus pour ses collégiens et lycéens et – conséquence logique – le moins pour ses étudiants, c'est-à-dire ceux qui devraient obtenir le plus de moyens ? Le bon sens laisse pourtant croire qu'un élève du primaire ou du secondaire n'a pas besoin d'un outillage complexe pour apprendre la langue française, l'histoire et les mathématiques. Les mauvaises langues suggéreront alors que le budget faramineux de l'Éducation nationale s'explique en grande partie par les nombreux dédoublements de classes réclamés par les syndicats d'enseignants, mais dont il n'a jamais été prouvé qu'ils avaient la moindre efficacité autre que dans l'amélioration du confort (parfaitement louable) des professeurs. Mais des enfants habitués au *zapping* et au « débat » anarchique ont besoin d'une attention de plus en plus ciblée, au point que l'on ne comprend pas que le SNES n'ait pas encore réclamé le retour aux précepteurs.

Nous avons donc minutieusement préparé l'impossibilité de répondre aux objectifs mêmes que nous prétendons nous fixer : former les futurs cadres de cette mythique « société de l'intelligence et de la connaissance » dont le XXIe siècle doit voir l'avènement. Et la question n'est pas d'accuser cette jeunesse de paresse, de fustiger la société des loisirs et des trente-cinq heures, comme le font quelques grands patrons, ou quelques politiciens adeptes de la chasse à l'État et aux charges sociales. Des stakhanovistes illettrés ne sauveraient pas ce qui fut la France. Nous sommes confrontés à des populations, à des pays fiers de leur culture et qui, pour la plupart, ont compris que la technique doit rester l'outil d'un être humain que sa civilisation a façonné. Alors que nous façonnons des êtres inhumains, car sans mémoire, au service d'une technologie qui ne peut se développer sans savoir, et qui donc ira se développer ailleurs. Erreur de perspective, erreur de stratégie, erreur philosophique.

Aux quelques-uns qui seraient tentés de ne voir dans les pages qui précèdent que les déplorations conservatrices d'une nostalgique du monde ancien, nous répondrons donc par la phrase de Heidegger : « L'arbre pousse par ses branches, mais aussi par ses racines. » L'homme, détaché de tout héritage, de tout patrimoine, perd ce que pourtant Aristote considérait comme son essence : sa curiosité, sa *libido sciendi*, le désir de savoir et de créer. À ceux-là qui estiment que l'on ne fabrique des hommes libres qu'en améliorant indéfiniment leurs conditions de vie et leur bien-être matériels, en satisfaisant leurs besoins réels ou suscités, sans doute est-il nécessaire de rappeler la phrase du Saint-Exupéry de *Citadelle* : « De l'homme, je ne demande pas s'il sera heureux ou bien nourri, mais je demande quel homme sera heureux. » La disparition de pans entiers de l'expérience humaine, la privation pour la très grande majorité des citoyens des repères qui construisent l'identité singulière et collective, conduisent à un appauvrissement bien plus grand, bien plus douloureux que la perte de quelques points de croissance (et aboutiront de toute façon à long terme à la perte de ces points de croissance qui nous sont si chers). Il serait sans doute temps de se demander si le Progrès que nous vénérons ne contribue pas à limiter notre bien-être. Ou du moins si le culte du progrès vu comme la simple augmentation des richesses matérielles ne nous conduit pas à occulter le fait que l'humanité a accumulé depuis plusieurs centaines de générations des richesses immenses, que nous croyons éternelles parce qu'elles sont consignées dans des livres, en oubliant que la capacité à lire ces livres et à les interpréter peut, elle, disparaître en quelques décennies.

Arrive à l'âge adulte la première génération qui a grandi dans cette époque où lire des livres est une tare et un objet de quolibets chez les enfants, où les professions intellectuelles fourmillent de smicards à bac+8. Une génération où le respect pour la sagesse des pères est politiquement suspect, où l'autorité morale et le pouvoir sont exercés par des pères qui professent la rébellion contre les autorités morales et le pouvoir, mais ont fait en sorte de priver d'armes leurs faux rebelles de fils. Pire, nous atteignons le moment de basculement, le point de non-retour, où les gardiens eux-mêmes n'ont plus les moyens de garder, où les enseignants n'auront bientôt plus le savoir nécessaire, puisqu'ils seront également les produits de cette déperdition. Non qu'il faille incriminer ou soupçonner l'ensemble des jeunes professeurs des écoles ou des collèges et lycées. Les jeunes qui choisissent ce métier sont en général d'anciens premiers de la classe, qui passent un concours parmi les plus exigeants. Mais ceux qui arrivent aujourd'hui à ce niveau n'ont pas été formés à ce qui était en France l'exercice majeur de la pensée, la dissertation. Les jeunes professeurs de français qui sortent de ces goulags du savoir que sont parfois, et malgré la qualité de certains formateurs, les IUFM, n'ont même plus la capacité d'initier les jeunes à la complexité de la langue et de l'esprit du XVIe siècle, tant ceux-ci sont imprégnés d'une culture latine qui s'est évanouie dans les limbes de l'enseignement moderne. Nous sommes à l'instant crucial où les conséquences de nos choix seront définitives. Plus de retour en arrière possible. Faut-il s'arrêter et attendre la mort ?

Un film, celui de Denys Arcand, a su dessiner le gouffre qui s'est creusé entre la génération des *baby boomers*, la génération 68, et celle de ses fils. Il a su magistralement illustrer l'échec de ces pères qui ont reçu la culture, qui peuvent disserter à plaisir sur ces époques où Sophocle et Socrate se croisaient sur l'Agora, où Michel Ange peignait la chapelle Sixtine, mais qui, par narcissisme, par engouement politique, ont choisi de ne pas transmettre. Le titre du film, *Les Invasions barbares*, appelle pourtant une nuance. Il n'est pas là question d'invasion mais d'implosion. L'Empire romain n'est pas mort à ses frontières, sous les coups des Goths ou des Francs, mais en son cœur, à Rome, où l'on avait perdu le sens même de l'empire. Et les barbares que nous avons fabriqués, qu'a fabriqués une génération – une part d'une génération, mais qui a réussi à occulter la majorité des siens – qui a rêvé de prendre le pouvoir dans les années 70, qui l'a pris dans les années 80, et qui entend le conserver dans les années 2000, ces barbares-là n'ont pas de glaives, pas de hache. Ils détruiront parce que la civilisation glissera entre leurs mains comme le sable d'une terre fertile devenue aride. Leurs pères n'ont pas voulu vieillir, ils n'ont donc pas accompli leur tâche d'êtres humains adultes : transmettre à ceux qui les suivront. Après eux le désert. On peut alors rêver que quelques moines copistes, enfermés dans des couvents reculés, conserveront le savoir jusqu'aux temps futurs. On peut espérer que, comme dans le cauchemar de *Fahrenheit 451*, quelques résistants préserveront les œuvres du passé pour les transmettre aux générations futures. On peut espérer que quelques-uns décideront aujourd'hui, et non demain, qu'il est temps de reprendre le cours de l'humanité, de renouer le fil des siècles et des générations, avant qu'il ne soit, dans cette partie du monde, définitivement rompu.

Le Moyen Âge, que nous voyons aujourd'hui comme une période noire, se vivait dans la continuité de l'Antiquité. Il en employait les mots et les concepts. Il croyait encore évoluer dans sa réalité, dont l'extension de la chrétienté avait assuré la pérennité. Charlemagne, empereur du Saint Empire romain germanique, en avait fait un message politique. Les clercs et le pouvoir religieux l'ont perpétué. Et la Renaissance, dont nous n'avons retenu que l'hommage au monde antique, fut avant tout une prise de conscience : celle que les invasions barbares et la chute de l'Empire romain avaient marqué la fin de l'Antiquité. Que les concepts qui en avaient été conservés avaient eux-mêmes évolué, qu'ils avaient été transformés et tordus, et que le monde qui en était sorti n'avait rien à voir avec ce qui précédait. La Renaissance procède d'un sursaut, d'un réflexe vital : sortir d'un mythe pour construire un monde.

Il serait donc temps d'affirmer à notre tour cette vérité simple : nous avons quitté les Lumières. Le monde pensé par ces philosophes dont nous nous gargarisons, et par cette révolution que nous célébrons, est mort et enterré. Les concepts que nous leur avons empruntés, liberté, tolérance, démocratie ou citoyenneté, et dont nous prétendons éclairer la jeunesse ne sont que des mots-baudruche, des leurres par lesquels nous maintenons l'illusion que nous serions dans un monde dont le projet est l'émancipation des Hommes par la confiance en un libre arbitre guidé par la raison. Ce qui n'est visiblement pas le cas. Et sans doute n'est-il pas de pire asservissement que celui qui se fait au berceau, puis s'insinue dans les consciences, et parvient encore à recycler toute forme de rébellion, toute tentative d'échappatoire. Encore faut-il en prendre acte, encore faut-il admettre que nous avons choisi une autre voie, encore faut-il assumer les conséquences de ce choix.

Il n'est pas question de revenir en arrière. Les humanistes qui proclamaient leur déférence pour le savoir antique ne prétendaient pas retourner à la démocratie athénienne ou à l'Empire romain. Ils entendaient fonder l'avenir. Et le fonder sur la connaissance riche et pleine du passé. Ils entendaient s'appuyer sur les réflexions et les débats portés par des êtres humains quelques siècles auparavant, car ils avaient compris que l'histoire humaine est faite de ces hommes qui se répondent à travers les âges, de Virgile répondant à Homère, de Napoléon rêvant à Alexandre ou de Balzac citant Dante. Il ne s'agit pas de revenir en arrière mais de savoir pour quel Homme nous construisons ce monde. Car cet Homme est celui que nous formons dans nos écoles, que nous élevons dans les familles et devant les écrans de télévision. Cet Homme, c'est le jeune barbare confit de certitudes et ravi du monde comme il va, qui soigne ses grandes peurs millénaristes par la régression infantile et abolit par le virtuel des cybermondes les restes d'une civilisation qu'il ne comprend plus. La faute à la société, à la modernité, aux impératifs de la mondialisation ? Peut-être. Mais alors acceptons-en la logique. Pour ceux qui la refusent, pour les réticents qui ont une autre idée de l'Homme, c'est à une révolution copernicienne qu'il faut œuvrer. De même que la Renaissance a placé le soleil, et non plus la Terre, au centre du cosmos, quelques incorrigibles réactionnaires rêvent de placer l'homme moderne au sein d'une lignée, dans le flux des générations passées et à venir, et non plus seul, juché sur son instant présent.

Construire une école authentiquement républicaine et humaniste, telle qu'elle n'a jamais existé jusqu'à présent, c'est-à-dire offrant à tous, et sans distinction sociale, la possibilité d'accéder à l'excellence et à la haute culture et d'acquérir le sens de son appartenance à une civilisation humaine, ne saurait suffire, tant il est vrai que l'école, même rendue à sa vocation de sanctuaire, ne peut aller seule à l'encontre d'un mouvement général de la société. Mais ce serait en tout cas l'indispensable premier pas, celui qui éviterait au moins de créer de toutes pièces les conditions de la décérébration de plusieurs générations. Trop compliqué ? Trop ambitieux ? Il suffirait pourtant qu'en son sein, et particulièrement dans le contenu de ses programmes, soit affirmée la prééminence des savoirs sur les hypothétiques « compétences » calquées sur le vocabulaire managerial. Il faudrait que soit mise en avant l'excellence de ceux qui sont chargés de transmettre ces savoirs, car leur autorité naîtra du fait qu'ils sont détenteurs de ce savoir dont c'est la mission de l'école que d'en faire profiter et vivre les jeunes générations. Il faudrait que soient valorisés les efforts et la réussite, dans quelque domaine que ce soit, manuel, professionnel, intellectuel, et qu'ils le soient par des diplômes qui n'auront de valeur que s'ils ont un contenu, que s'ils relèvent d'exigences précises. Sans que cela puisse être considéré comme discriminant contre ceux qui ne les obtiendraient pas, puisqu'il reste entendu que l'excellence (contrairement à ce que croient les adeptes des études supérieures pour tous) existe et se révèle dans tous les domaines. Il faudrait enfin que le temps consacré à cette tâche soit suffisant et prioritaire, dès le cours préparatoire, et que soit admise cette évidence : toute la modernité ne pourra jamais supprimer cet impératif qu'est la dimension temporelle de la transmission, celle qui crée le lien entre les générations, et leur donne le sentiment d'appartenir à une humanité commune. Donnons à l'école française les moyens de former des esprits éclairés et libres. Elle ne le peut seule, mais on ne le peut sans elle.

Cependant, c'est à l'échelle globale, civilisationnelle, que la révolution copernicienne doit avoir lieu. Penser une société proprement humaine nécessite de réfléchir aux conditions par lesquelles les hommes peuvent se lier entre eux, dans la verticalité des générations, et dans l'horizontalité d'une communauté politique. Dans le *Protagoras* de Platon se trouve le récit d'un mythe qui, comme tous les vieux récits portés par les siècles, peut nous éclairer. Il y est dit qu'au début du monde, alors que les hommes avaient reçu de Prométhée le feu et les techniques, alors qu'ils possédaient le logos, le langage et la raison, ils ne parvenaient pas à vivre en hommes. Soit ils étaient exterminés par les animaux, soit ils se rassemblaient dans des cités, mais s'entre-tuaient. Zeus les sortit de cet état en leur donnant *aidôs* et *dikè*, la dignité et la justice, l'une n'allant pas sans l'autre, l'une étant ce qui motive à respecter l'autre. L'*aidôs*, la dignité grecque, qui se traduit aussi bien selon les cas par la pudeur, la honte ou l'honneur, est une vertu disparue, parce qu'elle est une vertu collective, une vertu de la vie en société. L'*aidôs* est le sens instinctif de ce que l'on doit faire pour se montrer digne du regard d'autrui. L'idée que l'individu se nourrit aussi du collectif, sans se dissoudre en lui mais en y trouvant le ciment de son être. L'idée que toute collectivité humaine n'existe que dans la considération, la prise en compte volontaire, de ce que l'on doit aux membres de cette collectivité, ceux qui nous entourent, ceux qui nous ont précédés, et ceux qui nous suivront. Merveilleusement réactionnaire. Mais tellement indispensable à toute vie en société, à toute vie humaine décente et créatrice.

Remettre au goût du jour cette vertu antique, l'*aidôs*, la repenser dans un monde moderne assumant son histoire et ses racines, tel pourrait être le programme d'un nouvel humanisme : un défi pour le siècle qui s'ouvre et le présent de nos générations à celles qui les suivront.

Bibliographie en forme d'hommage

Christopher Lasch : *La Culture du Narcissisme*, éd. Climats, 1996.

Christopher Lasch : *La Révolte des élites*, éd. Climats, 1996.

Jean-Claude Michéa : *L'Enseignement de l'ignorance*, éd. Climats, 1999.

Jean-Claude Michéa : *Impasse Adam Smith*, éd. Climats, 2002.

Régis Debray : *Transmettre*, éd. Odile Jacob, 1997.

Alain Finkielkraut : *La défaite de la pensée*, Gallimard, 1989.

Sauver les Lettres, des professeurs accusent, éd. Textuel, 2001.

Danièle Sallenave : *À quoi sert la littérature ?* éd. Textuel, 1997.

Paul Virilio : *Cybermonde, la politique du pire*, éd. Textuel, 1996.

Guy Coq : *Éloge de la culture scolaire*, éd. du Félin, 2004.

Marcel Gauchet : *La Démocratie contre elle-même*, Gallimard, 2002.

F. Furet, J. Ozouf, *Lire et écrire*, Minuit, 1977.

Merci à tous ceux qui ont bien voulu ne pas s'exaspérer durant ces quelques mois, tous ceux qui ont cru et soutenu.

Table

Ce volume a été composé
par I.G.S. - Charente Photogravure à L'Isle-d'Espagnac
et achevé d'imprimer en mai 2005
par Bussière à Saint-Amand-Montrond (Cher)
pour le compte des éditions Lattès

N° d'Édition : 62895/01 – N° d'impression : 051974/4
Dépôt légal : mai 2005

Imprimé en France